『のぼうの城』に見るリーダー論

はじめに

『のぼうの城』を読破したとき、私は思わず心の中で喝采《かっさい》した。

これでようやく、わかってもらえると思ったからだ。

戦国時代の関東は、これまで歴史ファンからはあまり注目されてこなかった。関東で生まれ育った私は、それが残念でならなかった。

トンネルを掘って城を突き崩そうとした武田信玄《しんげん》の松山《まつやま》城合戦、一軍師が上杉謙信《けんしん》の大軍を駆逐した臼井《うすい》城の戦い、そうした面白い合戦がいくつもあるのに、なぜ関東の戦いは見向きもされないのか。そんな不満をずっと抱えていた。

なかでも「忍《おし》城の水攻め」は、群を抜いて壮大で劇的な合戦だと思っていた。だって、そうだろう。わずか五百の兵で守る後北条《ごほうじょう》氏の一支城を、二万を擁する豊臣《とよとみ》の大軍が包囲し、大規模な水攻めをもって攻め立てても、ついに落ちなかったのだ。

しかも、豊臣方の大将は、智将と謳《うた》われたあの石田三成《みつなり》。一方の忍城側は、名も知れぬ者たちだ。名将がこてんぱんに無名の武士たちに鼻をあかされる。こんな痛快劇は、そうザラにはころがっていないはずだ。

そんな忍城合戦の様子が映画『のぼうの城』では見事なまでに描写され、しかも小説はベストセラーになっている。こんなに嬉《うれ》しいことはない。

ただ、『のぼうの城』に登場する成田長親《なりたながちか》、正木丹波守《まさきたんばのかみ》、甲斐姫《かいひめ》といった人物たちは、すべて和田竜というひとりの天才がつくりあげたキャラクターである。

今回、和田竜さんと対談させていただく機会を得たが、あの「のぼう様」こと成田長親は、長年、会社組織の中で生きてきた作家本人が、理想の上司を描こうとしたのだということをはじめて知った。

「のぼう様が戦するってえならよう、我ら百姓が助けてやんなきゃどうしようもあんめえよ。なあ皆」

これは、作中に登場する「百姓」の言葉である。

自分たちが支えなくてはダメになってしまうリーダー。部下がみんなで助けてあげたくなる上司。なんという斬新《ざんしん》なリーダー像なのだろう。

私は、和田竜さんと対談してみて、史実の忍城合戦を描くだけでは物足りなくなった。小田原《おだわら》征伐に参戦した諸将を取り上げて、リーダーの資質とは何か、ということについてまとめてみようと思い立った。そして、作業すればするほど、戦国の世に活躍した武将たちの類《たぐ》い稀《まれ》なるリーダーシップに改めて驚嘆することになったのである。

政治、経済、外交、あらゆる面で閉塞《へいそく》してしまっている日本――そんな日本の社会に、いまリーダーが求められている。

では、私たちは、どのようなリーダーに従っていけばよいのか。あるいは、どんなリーダーたるべきか。そうしたことを考えながら、この本を読み進んでいただければ、きっと、これからの厳しい社会を生き抜くヒントになる、そう確信する次第である。

二〇一二年十月

河合　敦

目次

装丁／西村弘美（角川書店装丁室）

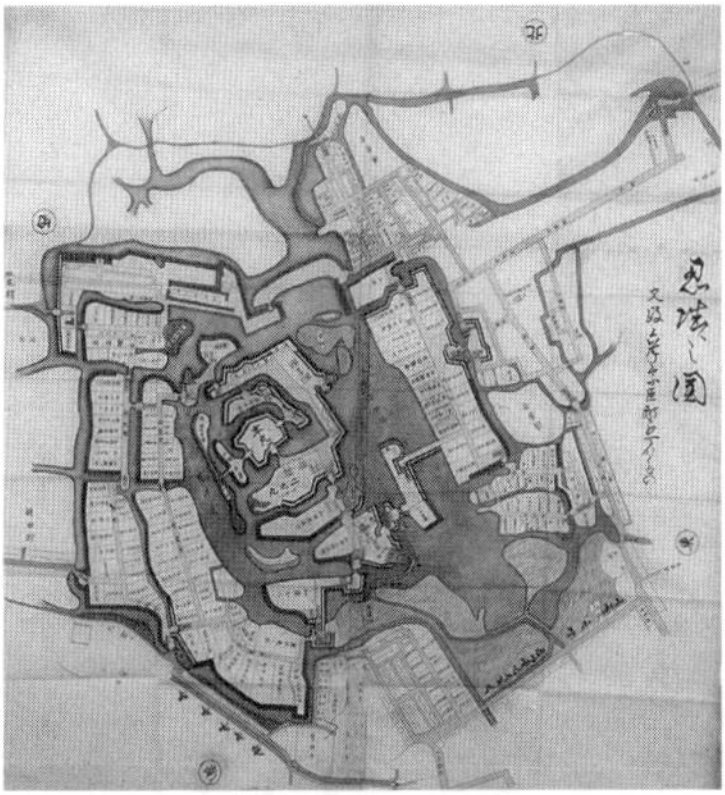

忍城之図（行田市郷土博物館蔵）

忍城水攻めとは

天正十八年（一五九〇）、関東平定のため、豊臣秀吉は後北条氏の居城であった小田原城を包囲。次々と小田原側の支城を攻略し、小田原城をゆさぶった。そんな支城のひとつ、忍城（現・埼玉県行田市）攻めを任されたのは、石田三成率いる約二万人の大軍だった。

忍城は城主・成田氏長が小田原城に籠もり、留守を預かったのは叔父である成田肥前守泰季、泰季の子・長親ら。豊臣軍の来襲にわずか五百人の兵力ながら忍城側は籠城を決意し、領民が城中に集められた。忍城は広い沼と低湿地帯に点在する島状の土地を利用した城で、地の利を生かし、わずかな軍勢で豊臣軍の攻撃に耐え続けた。

焦った三成は、秀吉の高松城攻めを模し忍城の水攻めを決定、わずかな日数で広大な土地を囲む堤を築く。しかし忍城側は堤の決壊に成功。その後の総攻撃にも耐え抜き、結局、豊臣軍の忍城攻撃は失敗に終わった。

小田原城が開城し忍城も城を開いたが、結局秀吉の小田原征伐において、忍城は唯一落ちなかった城となった。

しかし決定的史料がなく、詳細は謎である。

序章　小田原征伐とは何だったのか

小田原城址公園（小田原市）

秀吉《ひでよし》のデモンストレーション

天正《てんしょう》十八年（一五九〇）三月一日、豊臣秀吉は、朝廷に参内《さんだい》して後陽成《ごようぜい》天皇から節刀を賜った。

節刀とは、征夷大将軍《せいいたいしょうぐん》などが出征する際に与えられる太刀で、これにより、秀吉は小田原征伐の正当性を手にしたことになるわけだ。

同日、いよいよ秀吉は、自ら三万二千の軍勢を率いて京都を出立した。その出《い》で立ちたるや、作り髭《ひげ》をつけてお歯黒を塗り、唐冠《とうかむり》の兜《かぶと》に金札《こんざね》と緋縅《ひおどし》の派手な鎧《よろい》を身につけ、太刀二振りに朱塗りの弓を持ち、馬にも金色の馬鎧をかけるという、きらびやかこの上ない装束であった。

秀吉ばかりでなく近習や伽衆《とぎしゅう》、馬廻《うままわり》の者までがど派手な甲冑《かっちゅう》を着しており、その大行列を一目見ようと、大坂や堺《さかい》などからも見物の群衆がつめかけたと伝えられる。

すでに秀吉は畿内《きない》のみならず、中国・四国・九州の平定を終えており、残すところは関東と奥州のみだった。

中でも広大な版図を有する関東の雄・後北条氏を平らげてしまえば、東国の諸大名はこぞって秀吉に臣従するはずであった。いわば今回の戦は、天下統一の総仕上げだったのである。

そういうわけだから派手好きの秀吉という男が、その出陣に当たってお祭り騒ぎを演じたのも無理からぬことであった。

もちろん、ことさらに遊び気分を強調し、余裕のある態度を示すことで、朝廷や西国諸大名に自らの実力と度量を見せつけるというデモンストレーションの意味もあったのであろう。途中、三保《みほ》の松原や田子《たご》の浦を見物しながらの、のんびりとした行軍であった。

しかし秀吉は、極めて細心な男でもあった。

関東出兵にあたっては詳細な現地の地図や城郭図を用意し、後北条方の属城の位置や地形、その攻略方法について詳細な検討を重ねていたのである。決して、始祖の早雲《そううん》から五代にわたって関東に覇を唱えてきた後北条氏の実力を侮っていたわけではなかった。

なお、すでに小田原征伐は、秀吉の出立前から始まっていた。

秀吉が出陣する前の二月、先鋒《せんぽう》として徳川家康《いえやす》、織田《おだ》信雄《のぶかつ》、蒲生氏郷《がもううじさと》らを東海道から東上させており、二月下旬には、羽柴秀次《はしばひでつぐ》、細川忠興《ただおき》、浅野長政《ながまさ》、石田三成、宇喜多秀家《うきたひでいえ》ら

豊臣秀吉の小田原攻め攻囲図（小田原城天守閣所蔵）

がこれに続いた。

さらに、北陸からは前田利家《としいえ》、上杉景勝《かげかつ》、真田昌幸《さなだまさゆき》らが、北国勢を率いて碓氷《うすい》峠より関東平野へ進攻し始めていた。また、海上からは長宗我部元親《ちょうそかべもとちか》、九鬼嘉隆《くきよしたか》、脇坂安治《わきさかやすはる》、加藤嘉明《よしあき》らの大水軍が小田原城下に広がる相模《さがみ》湾に集結しつつあった。

「一夜城《いちやじょう》」の完成

緻密《ちみつ》な作戦計画と、総勢二十二万の大軍勢を擁する豊臣秀吉に、戦いに負ける要素などみじんもあり得ないと思われた。

三月末に秀吉は沼津三枚橋《さんまいばし》城に到着し、これを本陣と定めている。後北条側では箱根山《はこねやま》の西側に防衛線を引き、秀吉勢の進攻を阻止しようとした。

しかし後北条氏の前衛である韮山《にらやま》城は織田信雄によって包囲され、山中《やまなか》城は羽柴秀次により短期間のうちに落とされてしまう。

かくして豊臣軍は、一気に箱根の山を越えて後北条氏の本城・小田原城を包囲し、秀吉自身も四月六日に早雲寺（箱根町湯本《ゆもと》）に本陣を置いている。

石垣山一夜城歴史公園（本丸／小田原市）

小田原城は城下町全体を囲った総構えと呼ばれる大外郭が特長であり、後北条側がこの堅城に籠城《ろうじょう》することは明らかであった。

そこで秀吉は長期戦になることを見越して、早雲寺着陣の直後から石垣山《いしがきやま》城の築城に取りかかっている。石垣山は小田原城を見下ろす位置にあり、後北条方にプレッシャーをかけるには格好の立地条件を備えていた。ここにどっかりと腰を据え、小田原城内の兵糧《ひょうろう》が尽き城兵が降伏するのを待とうと考えたのである。

築城工事は六月二十六日に完成した。一説には、小田原城方に気づかれないよう城の骨組みを造り、壁の代わりに紙を貼って一斉に城の前面の樹木を切り倒し、あたかも突然城が出現したかのように見せかけたとも伝えられる。

このため石垣山城は後世「一夜城」の名で知られるようになったが、実際には築城に約八十日を要しているのである。

当初はこのように、二十二万の軍勢で小田原城を包囲し、石垣山城でじっくりと落城を待つというのが秀吉の方針であった。同時に前田利家の別働隊や小田原を包囲する軍勢の中からも兵を出し、関東各地に配された後北条方の属城を攻略して小田原城方を追い詰めようとしていたのである。

江戸城無血開城

ところが、次第にこの方針を転換せざるを得ない状況が生じてきた。

別働隊を率いる前田利家は廏橋《まやばし》城（現・前橋市）や箕輪《みのわ》城（高崎市箕郷《みさと》町）を落とし、四月二十日には松井田《まついだ》城（現・群馬県安中《あんなか》市）も攻略、早くも北関東の制圧に成功している。

さらにそれから一週間後の二十七日、今度は江戸城が陥落している。

この城は、「三州（武蔵《むさし》・相模・上野《こうずけ》）の存亡は武蔵の一州にあり。武蔵の存亡は江戸一城にかかる」といわれた城郭で、豊臣軍の重要な攻略ターゲットの一つだった。

江戸城代の遠山景政《とおやまかげまさ》は小田原本城に籠《こ》もっていたので、弟の川村秀重《かわむらひでしげ》が留守を預かっていた。豊臣方の計算では、江戸城兵の人数を一千と推定している。これに対して秀吉が遣わした浅野長政軍は、二万五千人と伝えられる。

ただ、じつは江戸城で戦闘が行われた形跡が全く見当たらないのだ。のちに詳しく述べる忍城、八王子《はちおうじ》城、鉢形《はちがた》城、岩付《いわつき》城などの城郭については、戦いの模様が軍記類に詳しく記載されているし、確かに交戦した証拠もあるのだが、江戸城に関してはそれを見出《みいだ》し得ない。

言い伝えによれば、浅野勢に従っていた徳川家康の家臣・戸田忠次《ただつぐ》のもとに一人の男が現れ、

「自分は江戸城代・遠山氏の姻戚《いんせき》にあたり、恩賞と引き替えに江戸城を明け渡すよう城兵を説得してみましょう」

と申し出たので、これを信じて任せてみたところ、すんなりと成功したのだという。

だが、浅野長政から江戸開城の報告を聞いた秀吉が、

「いずれの城も、命を相助かり候ようにと、急ぎ渡し申したしと存する」(『浅野家文書』)

と答えていることから、浅野勢の来襲に恐れをなし、戦わずに無血開城したというのが史実のようである。

事実、大多数の支城は戦わずに降伏したが、江戸城クラスの重要拠点に絞って見れば、むしろ抵抗した割合のほうが多い。

確かに城兵は一千人と少ない。が、江戸城は築城の天才と謳《うた》われた太田《おおた》道灌《どうかん》が造った名城で、入江と川に囲まれた険峻《けんしゅん》な丘陵に立地し、三郭が全く独立して一城を形成しているので、落とすのに手間がかかる。しかも、城内にはいくつも井戸が掘られ、湧水《ゆうすい》も豊富だったので飲料水の心配はなく、数カ月の籠城には十分耐えられた。なにゆえ、早々と城を渡してしまったのか理解できない。

周知のごとくこの城は、徳川家康が拠点とし、幕府の創設後は歴代将軍の居城となった。そして、明治維新の際には官軍に無血開城し、皇居として現在に至る。だが、小田原征伐のときにも無血開城していたとは、歴史の不思議な巡り合わせを感じる。

焦り始める秀吉

このように早々に支城が陥落・開城していったにもかかわらず、小田原城内には少しの変化も表れない。それどころか、豊臣軍以上に毎日楽しそうにどんちゃん騒ぎを繰り広げ、同時に縁戚関係にあたる徳川家康に対し、城内からしきりに寝返りを誘っていた。

さらに後北条氏は、戦前から東北の有力大名・伊達政宗《だてまさむね》に接近し、共同で豊臣軍の進攻を阻止するよう求めていた。政宗もこの誘いに応じていた形跡がある。

実際、再三にわたり秀吉が小田原参陣を命じているにもかかわらず、政宗は一向に姿を見せようとしなかったのである。そうこうするうち陣中に、

「家康と織田信雄が寝返りをたくらんでいる」

という噂が飛び交うようになる。

信雄は、尾張《おわり》・伊賀《いが》・南伊勢《いせ》あわせて百万石を領する有力大名である。父である信長《のぶなが》の天下統一事業を引き継いでおきながら自分をないがしろにする秀吉に、内心不満を抱いているのは明らかであった。

六年前の天正十二年（一五八四）の「小牧《こまき》・長久手《ながくて》の戦い」では、家康と組んで秀吉と戦っており、彼らが後北条氏に荷担することはいかにもありそうな話として陣中に蔓延《まんえん》し、兵はもとより諸大名の間にも動揺をもたらしたのである。

このため秀吉は、小姓五、六人ばかりのわずかな供を連れて自ら家康と信雄の陣を訪問し、必死に親密さをアピールして噂の打ち消しに躍起になった。

この頃から次第に秀吉は、強い焦りを感じるようになっていったようだ。

五月後半に入ると、秀吉はそれまでの長期戦計画を捨て方針の転換を図っている。例えばそれは、前田利家に対する態度に明確に表れた。

四月初旬、松井田城を攻撃していた利家から届いた書状に対して秀吉は、

「小田原では兵力を必要としていないから、じっくりと慎重に計略をめぐらして松井田城を討ち果たすように」

という内容の返書を送っている。ところが鉢形城を陥落させた利家は、ほめられるどころか、叱責《しっせき》をうけているのだ。

後北条方の支城のうち、最大兵力を有する北条氏邦《うじくに》（氏康《うじやす》の四男）の鉢形城攻略は、はじめから戦略上重要視されていた。城兵は三千だったが、鉢形城の周辺の砦《とりで》にも兵二千を

分散して防衛網を張っていた。だから、これを落とせば後北条方に大きな精神的打撃を与えられる。

このため攻城軍は、前田利家・上杉景勝・真田昌幸率いる三万五千に、のちに浅野長政軍二万が加わり五万五千に及ぶ大軍となった。

五月十九日に豊臣軍は鉢形城を包囲、前田利家が大手に、上杉景勝が搦手《からめて》に布陣した。また、真田昌幸は鉢形落城を促進するため、周辺の砦を次々と攻略していった。

だが、前田・上杉軍は、城の周囲を固めただけで本格的な攻撃をおこなおうとしなかった。もともと彼らは無理な力攻めを好まず、敵が降伏してくるのを根気強く待つ戦法をとってきた。しかしこの場合、城を攻めあぐんでいたのが真相らしい。鉢形城は北面が荒《あら》川《かわ》のうねる断崖《だんがい》、東面は荒川へ注ぐ深沢川で、秩父《ちちぶ》連峰へ続く西南の丘陵には深い濠《ほり》が幾重にも走っており、侵入はもちろん、接近戦さえ不可能な堅城だったのだ。

秀吉は攻城軍へ「早く城を落とせ」と連日のように催促すると同時に、鉢形城への加勢を浅野長政に命じ、長政がなかなか現場へ向かわぬと、書簡で激しい叱責を加えた。いかに、その攻略を焦っていたかがわかる。だが、城兵が奮闘したこともあり、援軍が到着しても状況に変化はなかった。

これを打開したのが、浅野軍に従軍していた家康の重臣・本多忠勝《ほんだただかつ》だった。

「忠勝、指揮して手練《てだれ》の者に命じ、車山の絶頂より二十八人持と聞こえし大筒の石火矢を打《うた》せけるにぞ、塀は更なり櫓《やぐら》までも打破られて、手負死人数を知らず」(『新編武蔵風土記稿』)とあるような行動に出た。そして、これに呼応した平岩親吉《ひらいわちかよし》が、諏訪《すわ》曲輪《くるわ》の占領に成功したのである。

本多忠勝の大筒攻めは、大いに効果があったようだ。火薬兵器の未発達な関東地方に根をはる後北条氏は、このような砲撃をかつて一度も経験したことがなく、心理的に大いに動揺を来《きた》し、六月十四日、とうとう降伏して城を開いた。鉢形城の陥落の報は、小田原に籠もる兵の士気を著しく低下させ、秀吉の狙いは見事に達成されたのである。この戦い以後、鉢形城は廃城となった。

ともあれ、六月に前田利家が戦況報告のため小田原を訪れると、鉢形城攻めの手ぬるさを厳しく叱責し、怒りをあらわにしているのである。

石田三成の忍城水攻めは、そうした状況の中でおこなわれたのである。ゆえに当初は拙速な力攻めをおこなって失敗し、さらに突貫工事で稚拙な堤防をつくって水を引き入れたものの、忍の城が沈まないという失策を重ねたのである。すべては、秀吉の焦りが側近たちに乗り移った結果だといえるのだ。

なりふり構わず成し遂げた小田原征伐

焦る秀吉とは裏腹に、小田原城中では茶会や酒宴が催され、連歌や双六《すごろく》を楽しむという余裕ぶりを見せていた。小田原城は、秀吉との決戦を前に大規模な改修工事をおこなっており、城内には数年の籠城に耐えうる兵糧が備蓄されていた。このため包囲して二カ月が経過しても、城は一向に落ちる気配を見せなかった。

むしろ疲労が目立ち始めたのは、城を包囲している秀吉側の陣営であった。いかに大軍とはいえ、所詮《しょせん》はここ数年秀吉に服属するようになった諸大名の寄せ集めである。秀吉に対する忠誠心が篤《あつ》いとは到底いえず、包囲戦が長引くにつれ士気はたちまち衰えていった。

これを放置したのでは陣営内から謀反《むほん》が起こりかねない。秀吉は、兵の疲労を癒《い》やすため大規模な茶会や風流踊りをおこなった。諸大名には小田原に家族を呼び寄せるよう勧め、自らも大坂から側室の淀殿《よどどの》を招き寄せて、ことさらに余裕のあることをアピールしようと努めている。しかし、内心は厭戦《えんせん》気分が兵のあいだで高まり、がまんも限界に近いことを肌で感じており、これ以上の長期戦は不可能と判断していたのである。

秀吉はひたすら城を取り囲み落城を待つ戦略を捨て、城内への様々なアプローチを開始した。もはや、なりふりを構っている余裕はない。

もしも謀反が現実のものとなれば、後北条氏ばかりでなく、伊達政宗や家康、九州勢といった秀吉に従って間もない大名たちがこれに同調し、これまで積み上げてきた天下統一事業は一気に崩壊してしまうだろう。

秀吉は、家康や黒田《くろだ》孝高《よしたか》らを使って城内に和睦《わぼく》を働きかけた。また、小田原城の早川口防御にあたっていた後北条方の重臣・松田《まつだ》憲秀《のりひで》に伊豆《いず》・相模の二国を与える約束で内応を勧誘しはじめた。さらに、韮山城を守っていた北条氏規《うじのり》を説得して開城させると、今度は氏規の口から後北条氏へ向けて降伏を説かせるなど、考えられる限りの揺さぶりをかけて開城を迫ったのである。

小田原城内では、主戦派と和睦派が対立を続けていたが、七月五日に至りついに当主氏《うじ》直《なお》が降伏を決断し、三カ月に及んだ攻城戦はようやく終わりを告げた。

氏政《うじまさ》・氏照《うじてる》の切腹により後北条氏への仕置も終わり、小田原の陣を引き払った秀吉は、奥州へと向かう前に鎌倉《かまくら》見物に出かけている。

小田原城復興天守閣（小田原市）

鶴岡八幡宮《つるがおかはちまんぐう》に参拝し、源 頼朝《みなもとのよりとも》の廟所《びょうしょ》へ立ち寄った秀吉は、頼朝の座像を眺めながら、

「微賤《びせん》から身を起こして天下を統一した者は、四海広しといえど頼朝とこの秀吉の他にはない。しかし頼朝はもともと関東の守護を先祖に持ち、流人とはいえ東国武士の協力を得ることができた。匹夫から出て天下を治めることができた自分のほうが上である」

と言って上機嫌に笑ったと伝えられている。

秀吉にとって小田原征伐は、未《いま》だ政権基盤も確立されていない中で打った、「天下」を賭けた大博打《ばくち》であったのである。

頼朝と自分を無邪気に比較する秀吉からは、最後の懸案であった後北条氏制圧を成し遂げたことへの深い安堵《あんど》を感じることができる。

小田原征伐の影響を受けた関東の武将たち

さて、これまで秀吉の観点からばかり小田原征伐を見てきたが、この戦いは、長年にわたって強大な後北条氏に敵対してきた関東の諸将にとっても、これまでの怨念《おんねん》をはらし、立場を逆転させる最大のチャンスであった。

例えば、北関東で後北条氏と泥沼の抗争を展開してきた常陸《ひたち》の佐竹《さたけ》氏の動きを紹介しよう。

豊臣軍が関東にやって来たとき、当主の佐竹義宣《よしのぶ》は進んで小田原へ参陣した。だが、関東の諸将の中には、日和見を決め込んで従軍しない輩《やから》もいた。佐竹領に隣接する南常陸の江戸氏もそうだった。

同年七月、後北条氏を滅ぼした秀吉は、佐竹氏の本領を安堵するが、安堵状には常陸一国すべてが含まれていた。つまり、佐竹領でない江戸氏の南常陸まで包括されていたのだ。

安堵は佐竹側の申請によってなされたようで、秀吉は佐竹氏の功労と江戸氏の非協力を考慮し、これを認めたらしい。ために江戸氏は、自動的に佐竹氏に服属することに決まってしまった。

すでに戦国の世は終焉《しゅうえん》を迎え、これからの居城は、領国経営を司《つかさど》る政庁としての機能が重要になる。佐竹氏は、平野部で交通の要衝地、なおかつ、国の中央部に本拠地を移す必要を感じた。そこで義宣は、江戸氏の居城・水戸《みと》城に白羽の矢を立てたが、江戸重通《しげみち》は城の引き渡しを頑強に拒絶したのである。

そのため佐竹氏は、江戸氏の征伐を決定する。

天正十九年の東北の九戸《くのへ》政実《まさざね》の乱で、佐竹氏は秀吉から二万五千人の動員を命じられており、二万単位の兵力を有していたことがわかるが、水戸城攻撃の兵数はわかっていない。一方、江戸氏は二百人で佐竹軍を迎撃したといわれ、勝ち目のない戦いだったことは明らかだろう。

水戸城は、那珂川《なかがわ》と仙波湖《せんばこ》に囲まれた丘陵の突端に位置する要害で、江戸氏はここを百六十年間拠点としてきた。天正十八年十二月十九日、佐竹軍は二手に分かれて水戸城へ向かった。一軍は義宣の実父・義重《よししげ》が、もう一軍は一族衆が指揮をした。

義宣は、上洛《じょうらく》して不在だった。江戸氏征伐の許可を秀吉に求めに行ったというが、真相は不明だ。

義重軍は村松、市毛原を通過し、水戸城の防衛線にあたる金山《かねやま》城、勝倉城を抜き枝川城を囲んだ。江戸重通は枝川城の危機を知り後詰めを試みたが、小勢ゆえに蹴散《けち》らされて水戸城へ逃げ帰った。義重はそのまま追撃態勢に入り、水戸城の天王曲輪に乱入した。これに呼応する形で、久慈川《くじがわ》を渡ってきた別働隊が水戸城に火を放った。

翌日、水戸城は陥落、江戸重通は城を逃れ姻戚の結城《ゆうき》氏を頼った。すぐさま義宣は、水戸城の大改築を行い、五十四万石の大名にふさわしい城郭に生まれ変わった。

ただ佐竹氏は、小田原征伐後に二百五十万石という莫大《ばくだい》な領地をもらって関東に入ってきた徳川家康の圧迫を受けることになった。家康は、後北条氏に代わって関東の雄となり、豊臣政権の五大老をつとめるとともに、政権から遠い関東の地で着々と自らの勢力を培うことができた。

秀吉が生きていたときはまだよかったが、その死後、関東にいる大大名たる佐竹氏は、徳川家からその存在を疎まれるようになった。佐竹氏のほうでも家康を警戒し、関ケ原《せきがはら》の戦いでは中立を保ってしまう。

その結果、家康が覇権を握ると、佐竹氏は秋田へ国替えとなり、その後水戸城は家康の息子の城となってしまったのである。

このように小田原征伐は、秀吉を天下人《てんかびと》へ押し上げた大戦争であるとともに、戦国の地図を大きく塗り替え、次の大乱を誘発させるきっかけをつくった戦いだったといえるのである。

第一章　忍城はなぜ落ちなかったのか

昭和63年に再建された忍城三層櫓

豊臣方の圧勝が予測されたはずの戦い

天正十八年（一五九〇）、豊臣秀吉は後北条氏を平らげるため二十二万という空前の大兵力で小田原城を囲んだ。これに対して小田原の後北条氏は籠城《ろうじょう》作戦をとった。

小田原城は、武田信玄や上杉謙信といった名将の猛攻を受けても耐え抜いた天下の名城であった。だから今回も、大軍の猛攻を受けても必ずや持ちこたえると判断したのだ。しかも後北条氏は、豊臣軍の襲来にそなえて、小田原城を大改修して城下町までも郭内に取り込むという巨大な堅城に変貌《へんぼう》させていた。

このためさすがの秀吉も、短期間で落とせるとは考えておらず、「対の城」を築いて持久戦に持ち込む方策をとった。

なお関東地方には、後北条方の重要拠点となる城が散在していた。それらの城にも後北条氏は兵や領民を込めてあった。このため秀吉は、別働隊をいくつか編制し、関東平野に散らばる後北条方の支城を迅速に撃破する作戦を展開していった。どんどんと支城を落としてしまうことで、小田原城を物理的・心理的に孤立させ、おのずから開城に導こうと考えたようだ。かくして関東の諸城は、次々と豊臣軍に攻め立てられていったのである。『のぼうの城』の舞台となった忍城（現・埼玉県行田市《ぎょうだ》）も、そんな数ある後北条方の支城の一つに過ぎず、忍城攻めは秀吉にとって、小田原本城を自落させるための促進剤でしかなかった。

忍城に籠《こ》もる武士はわずかに五百。あとは農民や商人、女や子どもばかりだった。対して豊臣軍は智将・石田三成率いる二万を超える軍勢。戦いの結果は火を見るより明らかだ。ところが周知のように、この忍の城は、小田原の本城が開城した後も陥落せず、そのまま抵抗を続ける後北条方における唯一の城となった。

いったいなぜ、大軍をもってしても忍城は落ちなかったのか。そのあたりのことを含め、忍城合戦を詳しくみていこうと思う。

大沼を埋め立てて出来た城「忍城」

忍城の城主は、成田氏長《うじなが》である。

もともと成田氏は、能筆家で「三蹟《せき》」の一人とされた藤原行成《ふじわらのゆきなり》の弟・忠基《ただもと》を祖としている。忠基は、朝廷から武蔵守（武蔵国、現在の東京都・埼玉県と神奈川県の一部を統治する国司の長官）に任じられて武蔵国に赴任したが、任期が過ぎても京都に戻らずにそのまま土着して武蔵崎西《きさい》郡に居住するようになった。その子孫である助高《すけたか》は、拠点を成田（現・熊谷《くまがや》市上之《かみの》）に移し、地名である成田氏を称するようになったのである。

そんな成田氏が忍《おし》に進出したのは、成田氏十五代の親泰《ちかやす》（氏長の祖父）の時代であった。親泰は、関東管領《かんれい》（関東を支配する鎌倉公方《くぼう》の補佐役）の山内上杉《やまのうちうえすぎ》氏に仕えていたが、延徳《えんとく》元年（一四八九）、敵対する扇谷《おうぎがやつ》上杉氏に出仕する忍大丞《だいじょう》を急襲して忍一族を滅ぼし、忍氏が支配してきた地に城を築きはじめた。

伝承によれば、大沼の中に土を入れて埋め立て、苦心して城郭を構築していったという。すなわち、これが忍城なのである。

築城されたのは、延徳二年前後だったといわれるが、異説もあり確かな年代は判然としない。だが、この伝承を信じるならば、ちょうど豊臣軍に囲まれたとき、忍城は築城されてから百年の年月を経ていたことになる。

『新編武蔵風土記稿』によれば、忍城は、

「平城《ひらじろ》ニシテ、東ヲ首トシ西ヲ尾トス、本丸・二丸・三丸及内外ノ曲輪《くるわ》、櫓台《やぐらだい》、十二ノ城

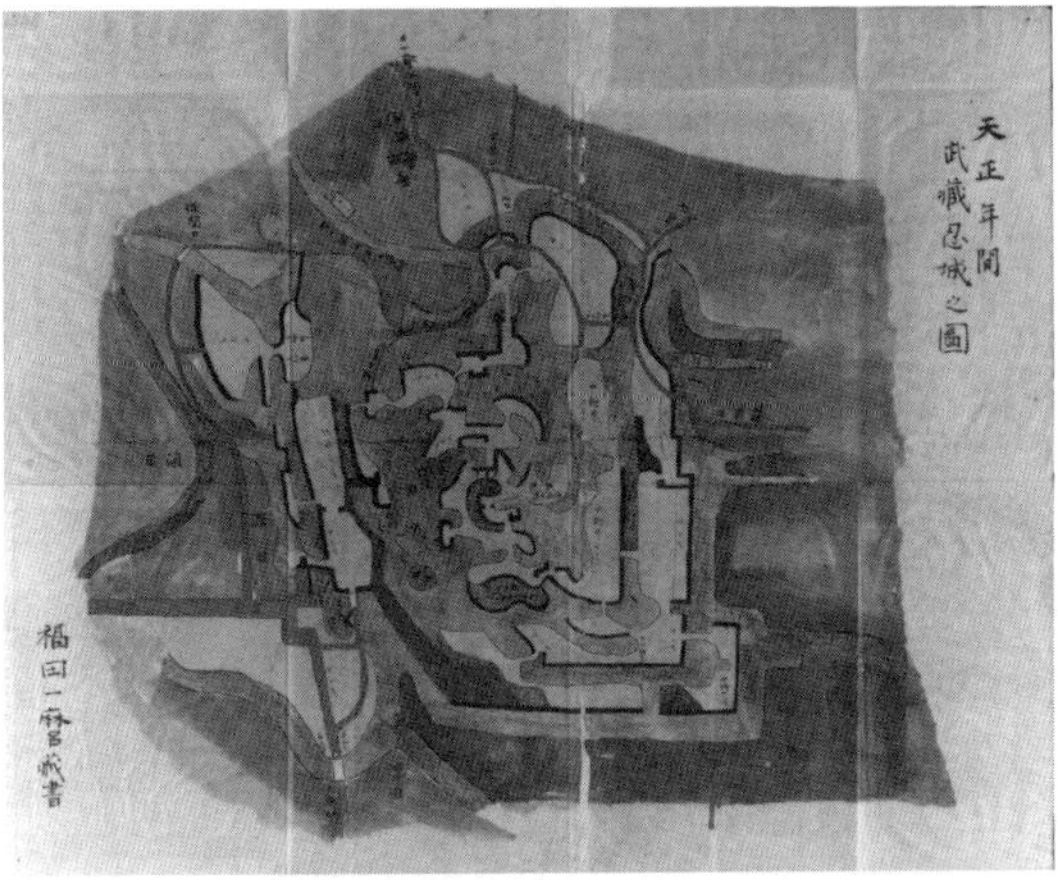

天正年間武蔵忍城之図（個人蔵・行田市郷土博物館保管）

門備ハレリ。本城外《ほか》曲輪トモ池沼或ハ深田ヲモテ固トナシ、最要害ヨキ地ニテ、関東七名城ノ一ナリ」

とあり、荒川と利根川《とねがわ》に挟まれた低湿地に存在し、関東七名城に数えられる堅固な城郭だった。別名を「忍の浮き城」と呼んだのは、遠方から眺めると、まるで城が大沼に浮かんでいるように見えたからだろう。

城主・成田氏長の正妻とは

天正十八年六月四日、忍に来攻した豊臣軍は、二万三千人の大軍であった。総大将は、先に述べたように、秀吉の寵臣《ちょうしん》・石田三成である。これに大谷刑部少輔吉継《おおたにぎょうぶしょうゆうよしつぐ》、長束正家《なつかまさいえ》が副将として付属し、後北条氏と敵対していた関東の佐竹義宣や佐《さ》野了伯《のりようはく》、宇《う》都宮国綱《つのみやくにつな》や結城晴朝《はるとも》、さらに北条氏勝《うじかつ》を筆頭とする後北条方の降将などが攻城軍に加わった。

ただ、忍城が豊臣軍に包囲されたとき、城主の成田氏長は城にいなかった。すでに同年二月に弟の泰喬《やすたか》以下三百五十騎の精鋭をともない、小田原城に籠もっていたのである。これは、主家である後北条氏の厳命であった。

城の留守を預かっていたのは、城代の成田肥前守泰季《ひぜんのかみやすすえ》（氏長の叔父《おじ》）をはじめ、泰季の子・成田長親、本庄泰展《ほんじよう》、正木丹波守、酒巻靭負《さかまきゆきえ》など重臣だったが、実質的な権限は、城主氏長の正妻（太田氏）が握っていたといわれる。映画『のぼうの城』で鈴木保奈美が演じている「珠《たま》」という女性である。残念ながら、史実では本名は伝わっていないので、本稿では「氏長夫人」と呼ぶことにするが、彼女は関東の名将と謳《うた》われた太田三楽斎資正《さんらくさいすけまさ》の娘であった。

太田氏は関東管領・扇谷上杉氏の重臣で、三楽斎は、江戸城をつくった有名な太田道灌の曾孫《そうそん》にあたり、武蔵国の岩付城を拠点としていた。

北条早雲から始まる後北条氏が関東地方に勢力を広げてきたとき、多くの関東諸将はその傘下に入り、関東管領の上杉憲政《のりまさ》も越後《えちご》の長尾景虎《ながおかげとら》（後の上杉謙信）のもとへ逐電してしまう。けれども三楽斎は、反後北条の姿勢を崩さず、上杉氏の名跡を継いだ謙信が関東にたびたび侵攻するようになると、反後北条の筆頭となっていった。

『異本小田原記』には「この道誉《どうよ》（三楽斎）、常に諸牢人《ろうにん》を集め、あるときは軍評定《いくさひょうじょう》す。自他国の弓矢の巧者手立の物語を聞き、朝夕懸命の沙汰《さた》、城攻めの様子怠る事なし。されば上を学ぶ下なれば、岩付千騎の侍、何れも武勇を好む事、比類なし」とある。

諸国から有能な士を集め、武勇を磨くことを怠らない人物であったようだ。

上杉景勝の参謀である直江兼続《なおえかねつぐ》は、「古来の名将のうち、謙信と三楽斎に並ぶ者はいない」と断言するなど、三楽斎は勇将として天下に名を馳《は》せていた。

そんな三楽斎が、永禄《えいろく》四年（一五六一）九月、兵を率いてふいに松山《まつやま》城へ夜襲をかけ、城主の上田暗礫斎《あんれきさい》を追放して城を乗っ取ってしまったのである。松山城は、後北条方の重要な拠点だった。

これを知った北条氏康《うじやす》・氏政父子は、なんとしても城を奪い返そうと、たびたび兵を松山に派遣したが、すぐに三楽斎はこれを察知し、岩付城から松山城の援護に駆けつけ、なかなか落とせなかった。

松山—岩付間は、距離にして三十キロはあるので、「氏康、不思議神変ノ後詰哉《かな》ト舌ヲ」（『太田家譜』）巻いたが、じつは三楽斎は、岩付城で飼育した犬を松山に置き、松山で飼っていた犬を岩付に配置、後北条氏がやって来たとき、犬の首に竹筒をまき付け、中に文書を入れて放ったのだ。当然、犬はまっしぐらに飼育されていた城へと走る。

これを「三楽犬ノ入替」と呼ぶが、このように軍用犬を用いていたのだ。しかも犬につけた文書には白い塗料を塗り、水に濡《ぬ》らさなくては文字が浮かびあがらない仕組みにしたという。

だが、後北条氏はその後も領土を膨張させ続け、ついに武田信玄と力をあわせて松山城を奪取した。それからまもなく、三楽斎は後北条氏と通じた息子に裏切られ、岩付城から放逐されてしまった。いくら名将といえども、時勢にはかなわなかったのである。

けれども三楽斎はその後、常陸の佐竹氏のもとに身を寄せ、客将として一城を与えられ、秀吉が小田原にやって来たときも、後北条氏と戦い続けていた。

氏長夫人が籠城《ろうじょう》を決意

そんなしぶとい智将の娘である氏長夫人だが、成田氏は逆に、比較的早い段階で後北条氏に降っており、三成の軍勢が忍城に押し寄せてきたとき、父娘は敵味方の立場となっていた。

氏長夫人は、後北条方の上野国館林《たてばやし》城が、豊臣軍の来襲を前に戦うことなく開城すると、「いよいよ次は忍城に大挙して襲来する」と確信し、重臣たちを一堂に集めて軍評定を開いた。

彼女はいう。

「敵兵は館林城を落とした後、この忍城に攻め寄せてくると思われる。ぜひ皆の意見を聞かせてくれぬか」

すると家臣たちは、

「利根川を前に野戦を展開しよう」

とか、

「降伏するふりをして敵を油断させておいて、夜討ちを敢行すべきだ」

といった、さまざまな意見を出した。未曾有《みぞう》の大敵を前にして、意見が一致しないのは当然といえば当然だろう。

が、最終的には、氏長夫人の決断によって籠城することに決した。

忍城はかつて、北条氏康や上杉謙信に攻め立てられたことがあったが、ついに落城しなかった経験を持っていた。そうしたこの城の堅固さに大いに期待し、氏長夫人は籠城を決意したのだと思われる。

ちなみにそれからまもなく、城代の成田肥前守泰季は死去した。高齢であった泰季だが、ストレスからウイルス性の腸炎にかかったらしく、数日間病んだのち、亡くなってしまった。このため城代には、泰季の子・長親が就いたが、史実の長親は大将らしい行動は全くとっていない。

食糧、家財道具を持って領民が集結

籠城にあたって成田氏は、領民たちをことごとく城中に集めることにした。

最大の理由は、城方を大軍に見せかけることにあった。

というのは、小田原城に成田氏の精鋭が籠もってしまっているので、城内には侍はわずか六十九人、足軽（下級武士）四百二十人しかいなかったからだ。

同時に、領民たちを戦力として用いようと考えた。たった五百人が守る城に二万以上の大軍が一気に攻め寄せてきたら、いくら堅城だといっても、到底持ちこたえることはできない。

かくして成田氏は、農民や商人、山伏、僧侶《そうりょ》、さらには女性や子どもまで城へ入れた。結果、忍城に籠もる人数は、男女あわせて三千七百四十人に膨れあがった。そのうち十五歳以下の子どもが三分の一を占めた。階層の多様さに加え、非戦闘員の多さは、通常の籠城戦と比較して異様としか言いようがない。

このおり成田氏は、

「敵にむざむざ食糧を奪われては損だ。これらを軍用とし、戦いが終われば倍にして返してやる」

と領民に触れ回っている。

成田氏は長い間、この地の支配者であったから、領民に篤《あつ》く信頼されており、この言葉を信じて領民たちは食糧のみならず、家財道具まで城に運び込んで守ってもらおうとした。この結果、城内には食糧があふれ、何年でも籠城できそうな安心感を人々に与えることになった。

忍城の面々

本丸には、氏長夫人とその娘たち、城代の成田肥前守泰季、善昭寺向用斎（泰季の上の弟で長親の叔父）など成田一族が入った。二の丸を守るのは、小説では主人公となった「のぼう様」こと成田長親と成田近江守《おうみのかみ》泰徳（泰季の下の弟で同じく長親の叔父）らの面々であった。

城門の防備も固められた。大手口の大将は長親であったが、父・肥前守泰季を補佐するため、この場所は山田河内《かわち》、松岡豊前《ぶぜん》らが、長親の直臣・信夫源六郎とともに代将をつとめることになった。

大手口には出張《でばり》（砦《とりで》）があり、そこには、『のぼうの城』で正木丹波守のライバルとされた猛将・柴崎和泉《しばざきいずみ》が吉田和泉とともに守将をつとめ、三十人の侍と三十人の足軽、さらに僧侶や商人、合計三百五十人程度で守備を固めた。

佐間《さま》口は、長親の良き理解者である正木丹波守を守将として、五百人の守備隊が配置された。搦手《からめて》にあたる下忍《しもおし》口には本庄泰展を守将とする八百人が、大宮口には斎藤右馬助《うまのすけ》・平賀又四郎率いる二百五十人、持田《もちだ》口には新田《につた》常陸・久々宇《くぐう》大和《やまと》率いる三百人、さらに持田口の先には持田口出張が設けられ、市田長兼《ながかね》、横田近江ら二百人が配置された。皿尾《さらお》口には成田土佐《とさ》、篠塚山城《しのづかやましろ》が三百人で守りを固め、その先には皿尾口出張が置かれ、北谷口にも栗原《くりはら》十郎兵衛、藤井大学助《だいがくのすけ》ら三百人が配置された。

各口を守っている主力は、ほとんど農民や商人であった。ただ、戦国時代の農民は、合戦には慣れている。戦いがあるたびに村を支配する地侍《じざむらい》（大名の家来）らによって荷駄運び、時には戦場に駆り立てられているからだ。

そういった意味では、江戸時代の農民とは全く別物、武士によって保護される存在というイメージは適切ではないのだ。

もう一つ忘れてはいけないのが、忍城の遊軍の存在である。

遊軍は、各持ち場が危機に陥ったとき、その危急を救う大役を与えられていた。だから侍を中核とする五十名程度の精鋭で構成された。ピンチになったとき太鼓を叩《たた》いて知らせ

現在の佐間口周辺

ると、すぐさまそこへ駆けつけることになっていた。

遊軍は通常、城を巡回し、人々の怠慢をいさめるのが仕事であったという。この遊軍の大将が、酒巻靭負である。小説のなかでは、毘沙門天《びしゃもんてん》の生まれ変わりを自称し、戦の天才だと自惚《うぬぼ》れている若者である。だが、軍学者であったことは事実だが、小説のように、靭負が若者であり、女性のような小柄で整った顔立ちだったかはわからない。

三成の本陣

一方、忍城の近くまで寄せて来た豊臣軍の大将・石田三成は、渡柳《わたりやなぎ》（忍城より四キロ地点）に本陣をすえた。そして下忍口から大宮口に兵を配置した。大谷吉継は長野口から北谷口にかけて六千五百で陣をしいた。長束正家は、佐間口の近くに四千五百で着陣した。皿尾口も五千の兵で塞《ふさ》いでしまった。

けれど持田口だけはあえて空けておいた。わざと城兵が逃亡できるようにしたのだ。城方の戦意を低下させる常套《じょうとう》戦略であった。

包囲を完了した翌六月七日朝早々に、三成は佐間口（城の東南）、下忍口（城の南）、長野口（城の東北）から兵を送り込んで忍城への攻撃を開始した。

だが、城へ至る道がはなはだ狭隘《きょうあい》なうえ、道の両側は水田や池沼が広がっていたため、城方の激しい銃撃をうけ、思うように前へ進むことができなかった。三成は諸将に命じてたびたび城へ進攻させたが、城兵の士気が高いことに加え、狭路よりの侵入は困難を極め、兵は湿地に足を取られて敗退を繰り返した。

六月十一日には総攻撃をおこなったが、これも失敗に終わった。

例えば長野口を攻めたのは、大谷吉継であった。吉継は、堀田《ほった》勝嘉一千を先陣として、二陣を松浦宗清《まつらむねきよ》一千五百、そして自らは三千を率いて三陣を担当した。堀田隊は城の塀際に取り付いて逆茂木《さかもぎ》を引き抜こうとした。このとき守将の柴崎和泉と吉田和泉は、鉄砲と弓の一斉射撃を命じた。十余名がその場に斃《たお》れた。恐れをなして堀田隊は退却をはじめたが、その弱腰に怒った堀田勝嘉が前進を厳命した。これに応じて堀田隊が再び前に進むと、狙撃手《そげきしゅ》が次々と正確に堀田の兵を打ち倒していく。これに堀田隊がひるんだとき、吉田和泉らが城門を開いて突撃を敢行、これを見た堀田隊はますます浮き足だってしまう。すると堀田は、自ら槍《やり》をとって吉田らに向かっていったのだ。こうして混戦状態となったが、城兵の勢いに呑《の》まれ、ついに堀田は兵を引き、二陣の松浦隊が前面に出てきた。

このとき城方の藤井右馬助らは、大きく迂回《うかい》して農家の陰に隠れており、隙を見て松浦隊の側面を突いたのである。この奇襲に狼狽《ろうばい》した松浦隊は瓦解《がかい》し、結局、大谷吉継は長野口の攻略を断念したのだった。

翌日には正木丹波守が城代の成田長親の許可を得て、大手口の兵も借り、長束正家の陣に夜襲をかけたのである。大軍に見せかけるため、篝火《かがりび》を消してできる限り敵の陣に近づき、一斉に大音声《だいおんじょう》をあげ、仰天する敵兵を追いかけ回し、大混乱に陥れた。さらに、

「かねて内応を約束した者よ。いまこそ長束の首を討ち取れ！」

と叫んだので、長束隊の兵士たちは疑心暗鬼となり、ますます混乱に陥ってしまった。長束正家は敵に追撃され、命からがら逃亡するはめになった。

映画『のぼうの城』から（©2011「のぼうの城」フィルムパートナーズ）

三成の戦術変更

地の利を得て巧みに戦う忍城兵に対し、三成は根本的に戦術を改めることにする。豊臣秀吉が毛利《もうり》方の備中《びっちゅう》高松城で行った水攻めを実行することにしたのだ。

あらかじめ水攻めをしようと計画していたという話もあるが、私はそれは当たらないと思う。ならば、最初から戦わずして忍城を遠巻きにして築堤工事をはじめ、水没させてしまえばよいからだ。

この時期、秀吉はなかなか小田原城が落ちないことに焦りを覚えはじめており、支城の攻略を急がせるようになっていた。だから、できれば三成は、水攻めなどという労力が必要で、かつ、日数がかかることをせず、力攻めで落としてしまいたかったのだ。

ところが、忍城は攻撃すらままならない難攻の城であることが判明した。そこで仕方なく、戦略を水攻めに転換したのだと思われる。きっとあらかじめ腹案の一つとして用意し、事前にスパイを放って地形を調査させていたであろうが、できたら用いたくなかった作戦だったはずだ。

周知のように、豊臣秀吉は、天正十年五月、備中高松城において水攻めによる攻城戦を展開している。

湿地に構築された高松城の地形上の利点を逆手にとり、城郭周辺を堤防で囲み、近くを流れる足守川《あしもりがわ》の水を堤内へ引き込んで水没させたのである。

この前代未聞の水攻めを考案したのは、秀吉の軍師・黒田孝高だったと伝えられる。高松城を囲む築堤工事はたった十九日間で完成し、その後、堤内に水が導き入れられた。ちょうど梅雨にあたっていたこともあり、水嵩《みずかさ》は増え続け、高松城は湖に浮く小島のようになり、完全に抵抗力を奪われ、このままだと各曲輪《くるわ》も水没し、城兵全員の水死は確実となった。

ここにおいて、毛利輝元《てるもと》は高松城を救うべく、使僧の安国寺恵瓊《あんこくじえけい》を遣わして秀吉に講和を申し出、城主の清水宗治《しみずむねはる》の切腹を条件に、高松城兵は許されることになったのである。

秀吉の側に仕え、高松城水攻めを目の当たりにしていた三成だからこそ、主君の用いた作戦をこの忍城攻めに適用しようと思い立ったのである。

ただし、今回は持久戦ではない。先述のとおり秀吉は、迅速な支城の攻略を望んでいた。だから速やかに堤防を築いて川の水を引き込み、さっさと忍城を水没させてしまおうと考え、築堤工事には高額な報酬を払い、数万の人夫を動員して昼夜分かたず作業をすすめたのである。その賃金も高額であった。昼は米一升と永楽銭《えいらくせん》六十文、夜は米一升に永楽銭は百文出したのだ。

ちなみに、この作業には、忍城中の領民たちも夜間にそっと城から出てきて工事を手伝い、その報酬で米穀を買い集めて城へ運び込んだ。三成はこの事実を忠告されても、「放っておくがよい。この堤が完成したなら、どうせ城兵ともども米穀も水没するのだ」と述べ、工事の完成のほうを優先したのだった。さすが功利的な武将、石田三成である。

水攻めに余裕の忍城方

敵が城の周囲に堤を築き始めたことに対し、すぐさま成田長親は重臣たちを集めて対策を協議した。このとき長親の叔父・成田近江守は、

「この土地は低く、長雨のときでも水があふれてしまうくらいだから、もし堤で周囲を囲まれたうえ、利根川や荒川水系から水を引き入れられたら、この城などすぐに水中に沈んでしまう」

と悲観論を述べ、豊臣軍と和を講じるべきと主張した。対して重臣の壬生《みぶ》帯刀《たてわき》は、

「この城は、成田親泰様が水攻めされても耐えられるようにしてあるはず。事実、かつて上杉謙信がこの城を水攻めしようとしたさい、軍師の宇佐美《うさみ》定行がその不可を説いている。私はかつて、この城の高低を調査したことがあるが、水を引き入れたとしても、浸水は深いところでも膝《ひざ》ぐらいまでしかこないはず。むしろ水を引き入れてくれることで、敵も攻めてこられないから、よい休息になる」

と断言したのだ。すると甲斐姫が、

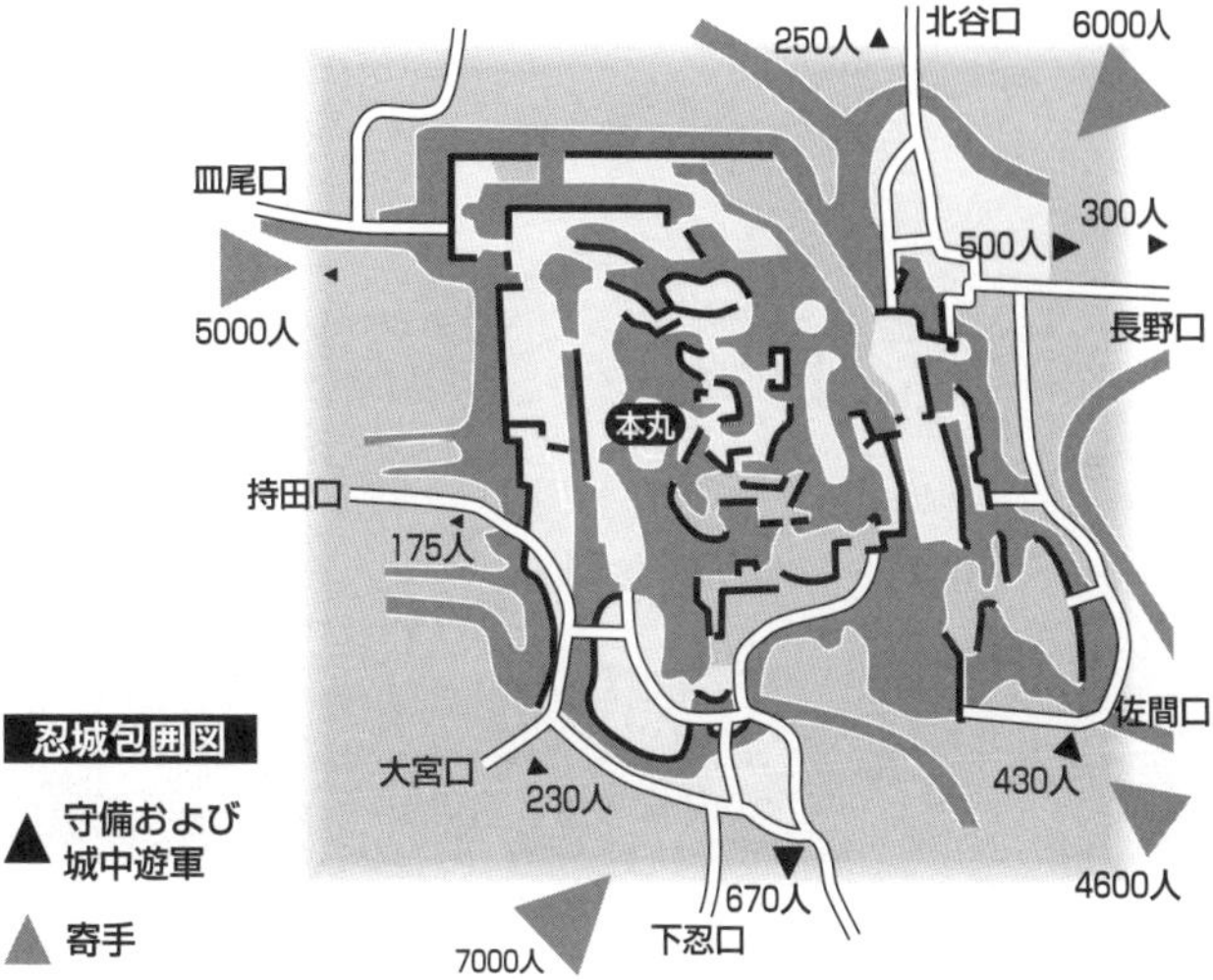

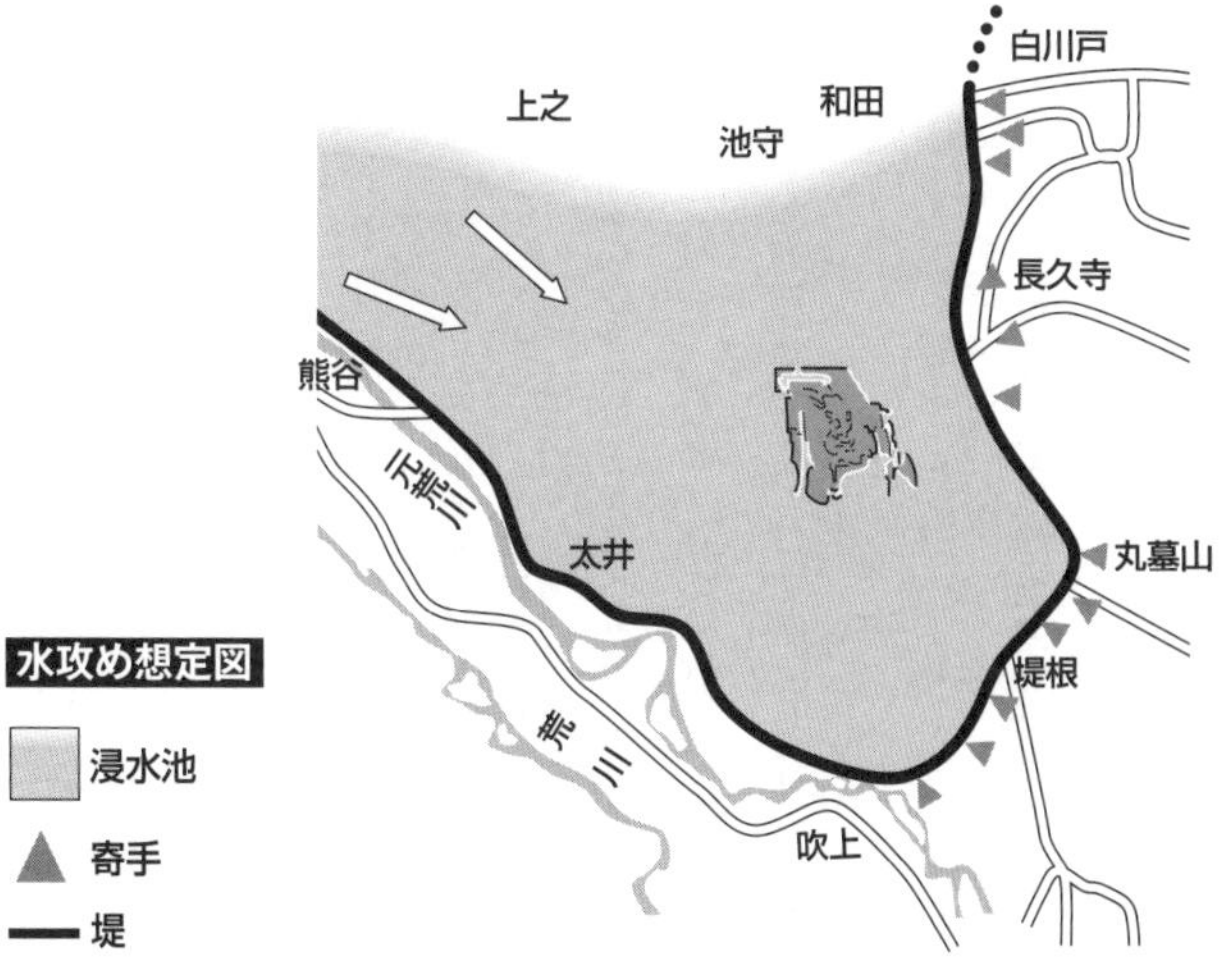

（行田市郷土博物館・常設展示解説図録 1988 年版）

丸墓山古墳

「それはわかったが、もし天候が激変して大雨が降ったら、困るのではないか。そのときはどうする」

と疑問を投げかけた。帯刀は姫の問いに対し、

「そのときは、災いを転じて福となすのです。水練の達者な者を選抜し、突貫工事でつくった堤防を決壊させてしまえばよろしい」

と即答したので、人々は感じ入り、このまま敵の工事を放置することに決定したのである。

結果、たった一週間程度で全長二十八キロ（異説あり）におよぶ忍城包囲堤が出来上がってしまったのである。そして、すぐさま利根川から堤内に水が引き込まれた。

すでに三成は、本陣を丸墓山《まるはかやま》古墳に移していた。現在のさきたま古墳群の一つで、数多くある古墳のなかで最も高い場所で、地上から十九メートルの高さがある。

季節は雨季だったが、旱天《かんてん》が続いていて利根川水系だけでは水量が足りなかった。このため今度は、荒川からも水路を穿《うが》って水を引き入れた。これによって、ようやく堤防内は水で満たされたのだった。

しかしながら、それでも忍城が水没するには至らなかったのである。三成の完全な計算ミスであった。

このとき成田氏の家臣たちは、舟に乗って歌をうたいながら、おもしろがって突如現れた城の周りの湖を漕《こ》ぎ回った。また、城中では敵が攻めてくる心配がなくなり、みな甲《かっ》冑《ちゅう》を脱ぎ捨て、くつろいで安眠したのだった。

この状況を見た石田三成は、

「本当は城は浸水で苦しんでいるのだが、それを悟らせないため、あのような座興をするのだ」

と楽観的観測を伝えて兵士たちを励ましたが、兵士たちは

「水が増しても忍城が水没しないのは、あの城が浮き上がる仕組みになっているのだろう

か」
と不安がった。

堤防決壊、大失敗に終わった水攻め

こうして急速に士気が低下するなか、三成に天が味方する。すさまじい雷雨が発生したのだ。この結果、増水した荒川と利根川からの濁流が堤内に怒濤《どとう》のようになだれ込んだ。このままでは、忍城が水に没するのは確実な状況となった。

ここにおいて成田氏は、当初の計画どおり、堤防を決壊させることに決した。その決断をすばやく下したのは、下忍口を警護していた城方の本庄泰展だといわれる。本庄は、部下の脇本利助、坂本兵衛《ひょうえ》ら水練熟達者十数人を決死隊に選抜し、夜陰に乗じて城から離脱させ、堤防破壊に向かわせたのである。

もともと突貫工事で完成させた堤防である。つくりはもろい。このため決死隊は、二箇所で堤防の破壊に難なく成功した。破れた堤防からは、勢いよく大量の水が噴き出し、その奔流は一気に攻城軍の各陣地を直撃した。突然のことに、豊臣軍はなすすべがなかった。

これにより豊臣方二百七十余人が犠牲となったと伝えられる。

さらに当たり前のことだが、堤防が決壊した後、忍城周辺の水が消失したわけではない。もともと水はけの悪い低地であるがゆえに、そこいらじゅうが泥沼化して馬の蹄《ひづめ》も立たない。このためしばらくの間、忍城へは近づくことさえままならなくなった。いずれにせよ、石田三成の水攻め作戦は、完全な失敗に終わったのである。

六月下旬、秀吉の命令をうけ、岩付城を攻略した浅野長政、木村重茲《しげもと》、真田昌幸、本多忠勝ら六千が石田軍の加勢にやって来た。

三成は、自分の大将の地位が彼らに奪われるのではないかと心配しており、これを知った秀吉が「大将を変えることはしない」と安心させた書状が現在に残っている。

この時期の三成は、自分の信用が失墜することに、戦々恐々としていたのである。

成田近江守と城主・氏長の内通

忍城周辺の水が引いてくると、三万近い軍勢にふくれあがった豊臣軍は、再び忍城の各口から攻撃をはじめるようになった。

着陣したばかりの浅野長政の陣中に、持田口を守備していた城方の成田近江守と市田太郎（城主氏長の妹婿）が密使を遣わしてきた。

なんと、それは内通の申し出であった。

「密《ひそ》かに城門を開き、浅野勢を郭内に引き入れる」

と言ってきたのである。前に述べたように、氏長夫人を補佐してきた城代の成田泰季が病没し、新たに城代になった長親のもとで、城内の求心力は低下していた。さらに、石田三成は忍城を動揺させるため、城主の氏長が小田原城に居ながら豊臣方に通じたという情報を忍城内へ流していた。成田近江守らの行動は、こうした状況に動揺を来《きた》した結果だと思われる。

なお、あきれたことに、成田氏長の内通は事実だった。部下が必死に戦っているのに、いち早く豊臣方に内通してしまったのである。

成田氏長は若い頃からたいへん連歌を好み、京都の里村紹巴《さとむらじようは》の教えを受けてきた。秀吉の右筆《ゆうひつ》・山中山城守長俊《ながとし》も里村の弟子。ゆえに氏長と長俊は手紙をやりとりする仲だった。これを知った秀吉が、激しく抵抗する忍城を開城させるため、山中長俊を通じて小田原城にいる氏長に内通の誘いをかけたのだ。

この誘降を、氏長はあっけなく了解してしまったのである。

秀吉も人が悪い。氏長が内通を約束する密書を送ると、これをわざと小田原の後北条氏のもとに送りつけ、氏長の密通を公にしたのである。これによって、小田原本城の動揺も誘おうという作戦だ。まさに心理的な高等戦術といえよう。

ただ、これを知った後北条氏も、成田隊と城内で合戦して氏長を斃すわけにはいかない。他の諸将の目もある。そんなことをしたら、士気は失墜してしまう。だからといって、氏長が突如、城内を攪乱《かくらん》し、城門を開いて敵を招き入れる危険もある。そのため以後、小田原城内の成田隊は、後北条氏によってその陣所の周りを柵《さく》で囲われてしまい、まったく動きがとれないようにされたのである。

浅野長政を欺いた三成

さて、忍城の話に戻ろう。『のぼうの城』では、成田氏の家中は「のぼう様」こと成親のもとに鉄の結束を誇っていたように描かれているが、成田近江守の内通でわかるとおり、一致団結とはいかないのが現実であった。到底勝ち目のない戦いの中で、やはり命は惜しい。だから裏切りが出るわけである。

いずれにせよ、もし成田近江守の内通の申し出を攻城軍が受諾すれば、忍城はすぐにでも陥落したはず。

ところが、である。

信じられないことに、大将の石田三成がこの話を握りつぶしてしまったのである。

なぜそんなことをしたのか。

もし城方の裏切りによって忍城があっけなく陥落するようなことになれば、水攻めに失敗した自分がますます無能扱いされ、さらには戦功も着陣したばかりの浅野長政に奪われてしまうからだ。

そこで三成は、浅野長政から成田近江守の内通の話を聞いても、そのまま何もしようとしなかった。このため、しびれをきらした長政が、近江守との交渉をはじめようとすると、今度はこれを押しとどめ、

「じつは行田口を守備している城将から、もっと確かな内通の申し出が私のもとにあるのだ。ゆえに、あなたにはそちらへ向かってほしい」

と長政を騙《だま》したのである。

三成の話を信じた長政は、行田口へと向かった。内通した敵が城門を開いて自分たちを迎え入れると信じていたので、完全に油断しきっていた。ところが、城内からすさまじい攻撃を受けたのだ。このため浅野隊は、撤退を余儀なくされた。

それにしても、何ともひどい大将があったものだ。石田三成という男、まことに器量が狭い。

唯一陥落しなかった忍城

その後、石田三成は七月五日を期して総攻撃をおこなうと諸将に伝えた。下忍口、長野口、佐間口の三方面から一斉に進軍することに決めたのである。下忍口は石田三成、長野口は浅野長政、佐間口は大谷吉継の担当となった。

ところが当日、大将の石田三成が功を焦って抜け駆けをしたのである。

喊声《かんせい》によりその事実を知った浅野長政は激怒しつつ、自らも部下に進撃を命じ、まもなく長野口で壮絶な戦いが始まった。

浅野隊は長束正家隊とともに、野営していた敵を蹴散《けち》らしてさらに行田口へと殺到したが、守将の島田出羽守《でわのかみ》と今村佐渡守《さどのかみ》がよく防いだ。佐間口の守将・正木丹波守は、味方の危機を知って行田口に駆けつけ、攻城軍の背面を突いたため、浅野・長束らは六百余の死傷者を出して撤退を余儀なくされた。

一方、石田・浅野に遅れて佐間口へ攻めかかった大谷吉継隊も、城兵の善戦で前に進めなくなっていた。そんなところへ、浅野勢を撃退した正木丹波守の部隊が戻り、大谷隊を押し返したのである。

この総攻撃では、城方は全員が一丸となって戦った。城主成田氏長の娘・甲斐姫も、自ら甲冑を身にまとい、半弓を手に出陣しているほどだ。

ただし、「のぼう様」こと成田長親は、この戦いにも出てこなかった。

長親のために弁解しておけば、出ていこうとはしたのだ。各口で激戦が展開され、酒巻の遊軍も出払い、大手口が危うくなったとき、甲冑を身につけはじめたのである。ところが、出陣をとめた者がいる。男ではない。甲斐姫であった。彼女は、

「今は軽々しく城代が動いてはだめ。こんなときには内乱が起こるかもしれない。よく内を固めるのがあなたのつとめ。大手口には私が向かいます」

そう押しとどめ、烏帽子《えぼし》型の兜《かぶと》をかぶり、真っ赤な陣羽織を身につけ、黒駒にまたがり、

銀の采配《さいはい》を握って出陣したのだ。そのあでやかで勇ましい彼女の姿を見て、城兵の士気は一気にあがったという。大した女傑である。

さて、抜け駆けした石田三成だったが、酒巻靭負が城壁を背にして背水の陣をしいたため、城兵たちも必死の抵抗を見せ、これがために死者三百余、傷者八百余を出す大敗北を喫し、すごすごと退却した。

こうして豊臣軍の忍城総攻撃は、完全な失敗に帰した。

しかしながら、まさにこの日、小田原の後北条氏は豊臣秀吉の前にひれ伏し、翌日には城を開いていたのである。

つまり、この時点で忍城は、北条方として降伏していない唯一の城となったのだ。

総攻撃から二日後の七月七日、秀吉に降伏した城主の成田氏長が、家臣の松岡石見守《いわみのかみ》に秀吉の上使・神谷備後守《びんごのかみ》を伴わせ、忍城へ派遣した。そして松岡から小田原開城の事実を告げさせ、武装解除して城を開くように命じたのである。

忍城ではただちに軍議が開かれ、最終的に主君・氏長の命に従うことに決し、豊臣軍に開城を申し入れた。

忍城復元模型（行田市郷土博物館内）

再び抵抗した忍城

こうして抵抗し続けた忍城も降伏し、無事に城の明け渡しがおこなわれるかに見えたが、突如、成田方の城兵たちの態度が硬化し、再び抵抗の姿勢をあらわにしたのだ。

それは、石田三成が城兵に「退城にさいし持ち出せる荷物は、一騎につき一駄である」という制限を加えたからである。この条件を言い出したのは、多大な犠牲を払ってもついに忍城を落とせなかった浅野長政だったという。城兵に対する報復措置であり、三成もそれを了解し、松岡石見守にそれを伝達させたのである。『のぼうの城』では、長束正家が悪役になっているが、これが史実なのである。

　この条件を聞いた忍城の兵は、

「たった一駄分しか財産が運べないのなら、城から放逐された後は飢え死にするしかない。どうせ死ぬなら、城中で枕を並べて華々しく討ち死にしようではないか」

　そう決し、再び抗戦の構えを見せ、正式に開城の拒否を成田氏は豊臣方に通告したのだ。

　まさかそんな態度に出るとは思いも寄らなかったため、浅野長政と石田三成は大いに後悔したという。この状況に閉口した松岡と遠山丹後守はただちに秀吉のもとへ馳せ参じ、事情を説明した。

　話を聞いた秀吉は、

「城兵の言うことはもっともである。道具類や財産の持ち出しを許してやれ」

　と指示したのである。そこで忍城へ馳せ戻った松岡と遠山は、持田口において城代・成田長親との面会を求めた。

　長親が大きな存在感を見せたのは、この一瞬であった。彼は
「秀吉の使いであるといえども、面会はせぬ」

　と言って、松岡らを城へ入れなかったのである。

これを知った石田三成と浅野長政も激昂《げっこう》し、城攻めの準備を始めた。松岡と遠山は三成らをなだめるとともに、再度秀吉の真意を告げたので、長親もついに城を開くことを受け入れたのだった。

これにより七月十四日、さんざん石田三成ら豊臣軍を愚弄《ぐろう》した上で、ようやく忍城は開城したのである。城の受け取りは、大将の石田三成自身が行った。長親や正木丹波守、酒巻靭負といった諸将たちに興味があったのだろう、三成は自ら城内に来て、直接長親から城を受け取ったのである。三成と長親らとの間で、どのような話がなされたかはわからないが、きっと互いの健闘をたたえ合ったことだろう。

長親の晩年

さて、その後の忍城である。

城は後述の八王子城のように、廃城にはならなかった。江戸城の北を守る要害としてその後も重視され、累代、徳川家の譜代大名が入封する要《かなめ》の城となった。

いっぽう、忍城主の成田氏長だが、秀吉から領地を没収されてしまった。しかも一命を助けるかわりにと言って、金千両と唐の頭《かしら》（ヤクの毛がついた兜）十八を要求されたのである。ただ、千両は支払えず、九百両で勘弁してもらったという。それからの氏長は、会《あい》津《づ》の蒲生氏郷のもとにお預けとなってしまった。

だが、翌天正十九年、氏長はにわかに三万七千石を与えられ、下野《しもつけ》烏山《からすやま》城主に取り立てられたのである。これは、忍城で奮戦した娘・甲斐姫のおかげだった。秀吉が彼女の美貌を見そめ、自分の側室としたからである。

対して石田三成は、この合戦で著しく評判を落としてしまった。以後もますます秀吉の寵愛を受け、有能な官僚として豊臣政権を支える三成ではあったが、忍城攻めでの失敗によって戦下手《いくさべた》の評価は定着し、武将としては重用されることはなかった。

さて、『のぼうの城』の主人公、成田長親である。

彼は氏長とともに烏山へと移住したが、すぐに氏長と仲違《なかたが》いする。というのは、「忍城で浅野長政に通じようとしたのは、近江守ではなくて長親だ」と氏長が誤解しているのを知ってしまったからだ。すると長親は飄然《ひょうぜん》と成田家から出奔し、出家して自永斎と称し尾張国で生活するようになった。そして慶長《けいちょう》十七年（一六一二）に六十四歳で亡くなった。彼がどのような後半生を送ったかは、一切記録に残っていない。

明治六年調製忍城図（行田市郷土博物館所蔵）

圖

第二章　小田原征伐時代のリーダーたち——豊臣方

豊臣秀吉

竹中半兵衛を自分に惚《ほ》れさせる

小田原征伐についての秀吉の行動は、すでに詳しく述べたので、ここでは秀吉がどのようなリーダーであり、いかに人心を掌握したかについて語りたいと思う。

日本史上、豊臣秀吉ほど人の心をつかむのがうまかった人はいない。

竹中半兵衛という人物がいる。美濃国《みののくに》の斎藤氏に仕える、当時売れっ子の軍師であった。

まだ織田家の足軽頭《あしがるがしら》だった秀吉だが、なんとしてもこの半兵衛という切れ者を部下にほしいと思った。そこで秀吉は、自ら何度も半兵衛の屋敷へ出向き、

「どうか俺の家臣になってくれ」

と頼みこんだ。これは、劉備玄徳《りゅうびげんとく》が諸葛孔明《しょかつこうめい》を軍師に迎えるにあたって、三顧の礼を

とったという『三国志』の故事をあえてまねたのだろう。そういうわざとらしい行為を、照れずにサラリとやってのける才能が秀吉にはあった。

自分を三国志の名軍師になぞらえてくれたのだから悪い気はしなかったろうが、それでも半兵衛はこばみ続けた。しかし、いくら断っても、その後もしつこく秀吉はやってきた。そのため、ついにあるとき、

「あんたはよほど俺をほしいらしいが、いったいいくらで雇うつもりなんだ」

と半兵衛はたずねた。

「たかが足軽頭、どうせたいした賃金ははらえまい」

半兵衛の言葉には、そんな秀吉に対する侮蔑《ぶべつ》の気持ちがありありと見てとれた。それに対して秀吉は、なんと、自分が織田家から支給されている給料（俸禄）の全額を提示したのである。

この瞬間、半兵衛は参ってしまった。秀吉に惚れてしまったのである。おそらく、斎藤氏に仕えていたほうが当時の彼にとっては安泰だったろうし、もちろん給料もずっと良かったはず。そんな大企業のエリート社員が、織田家というベンチャー企業の、さらにその下請け会社に転職した理由はたった一つ、秀吉が心底自分を必要としていることを実感

できたからだ。人間というのはこのように、元来感情で動く生き物なのだ。

もちろん秀吉だって、最初からうまく人を魅了できたわけではない。若い頃は、人間関係でずいぶん痛い目にあっている。秀吉が「人間は感情の動物である」と悟ったのは、松下加兵衛《かへえ》に仕えて金銭出納役をまかされるようになった十代の頃だったと思われる。農民出身の秀吉が、主君から財政を一任されるというのは、えらい出世といってよいだろう。たった数年の奉公でここまで立身できたのは、おそらく三十数回もの転職経験をつんで、秀吉がさまざまなスキルを身につけていたからにほかならない。

しかし、である。結局、秀吉は松下家を追い出されるはめになってしまうのである。出世をねたんだ松下家の家臣たちが、秀吉に意地悪をしたり、加兵衛に彼の悪口を吹きこむようになったのだ。いじめに遭っても秀吉本人は一向に平気で、くよくよなどしなかったが、主人の加兵衛のほうが滅入《めい》ってしまったのだ。このまま秀吉を雇い続けたら、家臣団の結束が乱れてしまう。武家にとって何より大切なのは、家中《かちゅう》の団結力である。それなくしては、とても戦などできたものではない。それゆえ加兵衛は、家中の求心力の低下を心配し、ついに秀吉に解雇を申し渡したのである。

嫉妬《しっと》という大敵

有能であれば出世できる、そう信じていた秀吉にとっては、これはたいへんショッキングな出来事だったに違いない。以来秀吉は、人間関係に細心の注意をはらって行動するようになり、結果としてそれが、織田家の重臣にのし上がるサクセスストーリーへとつながったのである。

秀吉は出世すると、「羽柴」という姓に改めるが、これは織田家重臣の丹羽長秀《にわながひで》と柴田勝家《しばたかついえ》から一文字ずつもらって創った姓なのである。上司にゴマをすって昇進しようという下心がみえみえだ。しかしながら、これがいいのである。

「そんな見えすいたおべっかなど、自分ならとても恥ずかしくてできない。きっと仲間からヒンシュクを買ったり、見下されたりするだろう」

もしそう思ってしまうなら、悪いけれどあなたには出世の見こみはない。せいぜい同僚と仲良く楽しく仕事をすることだ。そうしているうちに、きっと有能な部下があなたを追い越していくだろうし、あなた自身が仲良しクラブの仲間ともどもリストラの対象になっていくだろう。

もちろん、ゴマスリだけでは出世はできない。やはり今の時代、実力がなくてはダメ。でも、同程度の実力者が二人いて、それが自分になついてくる部下と近寄ってこない部下だったら、あなたはどちらの部下を重用するだろうか。

人材を引き抜くコツ

天正十年（一五八二）、主君の織田信長が本能寺《ほんのうじ》でまさかの死をとげてしまう。このとき秀吉は、はじめて天下への野望をいだいたと思われる。当時秀吉は、中国戦線で毛利氏と戦っていたが、素早く講和してすさまじいスピードで京都へ駆けもどり、アッという間に明智《あけち》光秀《みつひで》を倒して敵討《かたきう》ちをとげた。まことに鮮やかな行動だった。かくして信長の後継者の一人にのぼった秀吉だったが、彼には大きな弱点があった。

いま統率している兵隊の多くが、信長からの借り物であったという点であり、なおかつ、この勢力だけではとても天下をねらうことができないといった切迫した現実である。秀吉は、ライバル徳川家康や他の諸大名のように譜代《ふだい》の家臣をもたない。それゆえ、一から自己の家臣団を創設してゆかねばならない状況におかれたのである。

家臣団をつくる方法は二つ。育てること、引き抜くこと、である。

福島正則《まさのり》、加藤清正《きよまさ》、石田三成などは、幼少から手元においてじっくりと育てあげた例だ。しかしながらこのやり方は、あまりに時間がかかり過ぎる。そんな悠長なことをしていれば、とても天下など取れない。手っ取り早いのはいうまでもなく後者、諸大名の家臣団から有能な人材をどんどんヘッドハンティングしてしまうことだろう。

事実、秀吉はそう動いた。

そして、たくみな工作によって多数の武将を引き抜いていった。面白いのは、ヘッドハンティングされた武将は皆、その待遇に満足していることだ。たとえ、敵勢切り崩しのためにハントした敵臣であっても、目的達成後、秀吉は捨て殺しにすることはしなかったからである。

その結果、「秀吉になびいて損はない」というイメージがつくられ、そうした安心感が、他家の能臣をして喜んで豊臣家へ走らせる結果となったのだった。

家康を臣従させたテクニック

ところで、秀吉最大のピンチといったら、天正十二年の小牧・長久手での敗戦であろう。敵は、徳川家康と織田信雄（信長の次男）の連合軍である。このとき秀吉は、鮮やかな外交を見せて危機を脱する。単身信雄の陣営に出向き、涙ながらにこれまでの不義をわび、和睦《わぼく》をもとめたのだ。この態度にホロリときた信雄は、家康に無断で講和してしまい、戦いに勝ちながら家康は戦闘継続の名目をうしない、退却せざるを得なくなってしまった。プライドを捨て、情に訴えて泣き落とす。大した役者であるが、結局、人間は感情で動くという典型例であろう。

その後秀吉は、最大の版図を有する大大名家康をなんとしても部下にしたかったから、たびたび使いを遣わして大坂に来るよう誘った。が、家康は秀吉と敵対した手前、意地を張って出てこなかった。そこで秀吉は、なんと自分の実妹である旭姫《あさひひめ》を家康の嫁にと差し出したのである。いうまでもなく実態は、徳川家への人質だった。家康は旭姫をうけ取ったが、それでも上京しようとしない。

そこでいったい秀吉はどうしたか？

驚くことに今度は、七十を過ぎた自分の老母・大政所《おおまんどころ》を、家康のもとへ送ったのである。

「それほどまでに自分に臣従してほしいのか」

秀吉の熱意に心をうたれた家康は、ついに重い腰をあげて大坂へのぼり、秀吉にひざまずいたのである。

薄っぺらなお世辞や追従《ついしょう》では、人の心は動かない。が、自分に大きな痛みをともなうお世辞や追従をみせたとき、人は必ず期待通りに動いてくれるものなのだ。自分がいかに得をするかではなく、どうすれば相手が本当に喜んでくれるかを考えること、それが成功へのカギだったのだ。

人心を引きつけて政権を維持

秀吉は天下を平定した後も、その政権を維持するために、たくみに人の感情を利用した。

その一つが、諸大名の能臣を豊臣家へ転職するよう誘うことだった。

徳川家の本多忠勝や大久保《おおくぼ》忠世《ただよ》、伊達政宗の重臣・片倉《かたくら》小十郎、上杉景勝の参謀・直江兼続、島津義久《しまづよしひさ》の猛将・新納忠元《にいろただもと》、細川藤孝《ふじたか》の一門格・松井康之《やすゆき》らが、秀吉に勧誘されている。

彼らはみな申し出を固辞するが、天下人《てんかびと》に声をかけられたということは、逸材と認定されたことを意味し、当然秀吉に対して好感をいだくことになる。つまり、「諸大名家の支柱たる人物を籠絡《ろうらく》し、敵中に味方をつくって政権を維持する」、まさしくそれが秀吉の、真に期待した効果だったと思われる。

秀吉は、家康を関東に移したさいも、

「お前の部下・大久保忠世は勇将だから、四万五千石を与えて小田原城を守らせよ」

とか、上杉景勝を会津百二十万石に加増したおり、

「直江兼続に米沢《よねざわ》三十万石の地を与えてやれ」

など、他家の人事に干渉してまでも彼らを優遇した。そこまで自分を買ってくれた人間に感謝しないはずがない。事実、直江兼続などは、秀吉亡き後、豊臣家を守るため、上杉家が家康と敵対するよう誘導している。いずれにしても、まことに巧妙な、人心の収攬《しゅうらん》術といえよう。

さて、前述したごとく秀吉の場合、移籍後の待遇が破格だったから、本当に主家を乗り

かえ豊臣に仕えた輩《やから》も多い。だが、彼らを倫理観のない背信者と見るのは間違いだ。ちょっと意外かもしれないが、二君にまみえず、といった武士道は、藩主の絶対制が確立した江戸時代に成立したものである。

戦国時代は、下克上《げこくじょう》の世。無能な君主であれば家臣たちは容赦なく見捨てたし、あるいはこれに取って代わった。だから、良い奉公先へ移ることは、さして珍しい話でも、非難される行為でもなかった。一角《ひとかど》の将たるものはみな、いまある現実に満足せず、おのれを最大に評価し、活《い》かし切ってくれる主君の登場を、待ち望んでいたのである。

極言すれば、その機微をよく把握したからこそ、秀吉は天下人になれたともいえるのだ。

徳川家康

徳川と北条の微妙な関係

小田原征伐が開始された当時、徳川家康はきわめて微妙な立場に立たされていた。というのは、家康は娘を後北条氏の当主・氏直に嫁がせており、上洛《じょうらく》命令に応じようとしない後北条氏と秀吉との仲介役を務めていたことから、秀吉とその側近に内通の可能性を疑われていたのである。

秀吉に臣従しているとはいえ、家康は東海随一の実力者であり、彼を危険視する者は豊臣の家中《かちゅう》にも少なからず存在した。だから、小田原を包囲している最中に家康が後北条氏と通じ、秀吉に反旗を翻すのではないかと危惧したのである。

小田原征伐において秀吉が家康を東海道軍の先鋒《せんぽう》に任命した背景には、家康の心中をはかる意図もあったのであろう。

家康は、天正十八年（一五九〇）二月十日に駿府《すんぷ》から出陣し、二十四日に長久保城《ながくぼじょう》（現・静岡県駿東郡《すんとうぐん》長泉町《ながいずみちょう》）に着陣。富士川《ふじがわ》の架橋工事などを行い、秀吉の進軍に備えている。

その後、京都を出立した秀吉を迎えるためいったん駿府へ戻るが、このときも秀吉の側近たちは家康を警戒し、「駿府城入りを取りやめてはどうか」と秀吉に進言したほどだったと伝えられる。

家康と秀吉は三月二十八日、箱根西麓《せいろく》を視察したあと長久保城《ながくぼじょう》で軍議を開き、箱根越えについて具体的に検討している。秀吉の甥《おい》である羽柴秀次の軍勢が敵の前衛基地たる山中城を落とすと、秀吉は一気に箱根を越えて小田原へと向かった。

一方の家康は、山中城攻撃には参加せず、四月の初めに宮城野城を攻略して小田原城の北部に陣取り、長い囲城戦の準備を完了したのである。

家康不信の発端

東海道では秀吉の露払いをつとめ、共に箱根を突破して奮戦した家康だったが、豊臣勢の信頼を得るには至らなかった。後北条方の宣伝もあったのだろう、誰もが何となく家康の謀反を予感するようになっていった。

さらに四月の半ばになると、豊臣方の陣中に「家康と織田信雄謀反」の噂が飛び交い始めた。そこで混乱を恐れた秀吉は、自ら家康の陣を訪ねて酒宴を張り、噂の火消しに努めなくてはならなくなった。

ただ、当の秀吉自身も、家康が心から自分に臣従しているとは思っていなかったろう。なぜなら秀吉は、実力で家康を屈服させたわけではなかったからだ。

小田原征伐からさかのぼること六年前の天正十二年（一五八四）、家康は織田信雄と連合して小牧・長久手で秀吉の大軍と戦っていた。すでにこの頃から徳川と同盟関係にあった後北条氏は家康に協力している。

同年三月十五日、家康は尾張の要衝の地である小牧山に着陣。いっぽうの秀吉も、三月二十九日、小牧山から二キロほどの場所に本陣をすえた。

秀吉はこの戦いに十万の大軍を投入した。対する家康・信雄連合軍はわずか一万七千ほどで、数の上では秀吉側が家康側を圧倒していた。秀吉方の武将は、家康の本拠地浜松を急襲すべきだととなえ、結局秀吉は、この主張に折れ、奇襲を許可してしまう。かくして密《ひそ》かに秀次を中心とする別働隊が編制され、軍事行動を開始した。ところが家康はこれをいち早く察知し、別働隊を追撃して撃破してしまったのである。この四月九日に行われた合戦を長久手の戦いというが、このように秀吉は家康に大敗を喫していたのだ。

このため秀吉は矛先を変え、信雄の領国である伊勢国へ執拗《しつよう》に侵攻するようにした。するとこれに耐えかねた信雄は、同年十一月、単独で秀吉との和睦に応じてしまう。

信雄が勝手に秀吉と和を結んだことで、家康は「信長の次男である信雄をないがしろにする秀吉を討つ」という大義名分を失い、仕方なく兵を引かざるを得なくなった。

かくしてこの戦いは、家康の次男・於義丸《おぎまる》（後の結城秀康《ひでやす》）を秀吉の養子とすることで一時的な和議が成立するが、家康は秀吉との直接対決に勝利していたから、その心情としては、この時点で秀吉に敗北したとは思っていなかったろう。

寝返りを期待される

武力で家康を屈服させることができなかった秀吉は、家康を臣従させるためあらゆる手段を使って働きかけた。

手始めに朝廷に接近をはかり、天正十二年十一月に従三位《じゅさんみ》・権大納言に任じられると、以後驚異的な速さで昇進を続ける。位階を極め、朝廷の権威を利用して家康にプレッシャーを加えようとしたのである。

また、別項で述べたように、天正十四年五月には妹の旭姫を家康の正妻として送り込んで姻戚《いんせき》関係を結び、さらに最愛の母・なか（大政所）を人質として差し出し、家康の身の安全を保証した上で上洛《じょうらく》を促すという最終手段に打って出た。

事ここに至っては家康も抗《あらが》いようがなく、同年十月、大軍を率いて秀吉の元へ向かったのである。

ただし、自分の身に危害が加えられた場合、家臣団をいつでも攻め上らせることができるよう準備を整えた上での決死の上洛であった。

このとき、徳川との同盟関係を維持していた後北条氏も、秀吉との決戦に備え臨戦態勢を整えて両者の会見の行方を見守った。

ところが、二人の会見は平和裏に終了し、家康は秀吉に臣従することをあっさりと受け入れてしまう。日の出の勢いで強大な権力を手にしつつあった秀吉と、この時点で事を構えるのは現実的ではないと判断したのだろう。

しかし、後北条氏との安定した同盟関係を手放したわけではなかった。秀吉に臣従した後も、家康は後北条氏との同盟を破棄することはなく、小田原征伐を前に緊迫する両者の仲介役も買って出たのである。

だが、結果的にその行動が、豊臣サイドから疑念を抱かれる要因ともなった。

小田原囲城戦が始まった後、後北条氏の家中にも家康に期待する空気が強く、城内から再三にわたり寝返りを呼びかけている。

そもそも後北条氏が迫り来る豊臣軍の大軍を積極的に迎撃せず、小田原城での籠城を選んだのは、援軍を見込んでのことであったと考えられる。なぜなら、籠城戦というのは、後詰めを期待できる場合にのみ有効な戦術だからだ。つまりは伊達政宗の来援、そして、家康の寝返りを視野に入れていたからこそ踏み切ることができたと思うのだ。

しかしこの土壇場で、家康は最終的に後北条氏を見限ったのである。

秀吉襲撃の好機を放棄

秀吉と家康が箱根の戦場にあった際、秀吉はわずか十数騎を従えたのみで、家康のすぐ

近くで野営をしたことがあった。井伊直政《いいなおまさ》、榊原康政《さかきばらやすまさ》ら家康の家臣たちは、

「今こそ好機。押し寄せて討ち取れば天下を掌握できます」

と密かに勧めた。

これに対し家康は、

「もっともなことだが、この戦は秀吉がひとえにこの家康を頼りにして出陣したものだ。飼い鳥の首をしめるようなむごい真似をするものではない」

と拒否し、さらに重ねて、

「武勇武辺というものは、その身に生まれつき持っている果報（幸運）には及ばないものだ。秀吉が天下を取ることも果報がなければ実現できない。今ここで秀吉を襲うのは敵を恐れるあまりの行動であって、時期尚早というものだ」

と諭している。

秀吉に天下を取る幸運があるならば、自分にもいずれ機会があるはず。今はまだその時期ではない、と家康は考えていたのであろうか。いずれにせよ、秀吉を倒す絶好の機会を家康は利用しなかった。この時点で後北条氏の運命も決まったのであった。

小田原城包囲戦が膠着《こうちやく》状態に陥る中、秀吉は家康を通じて虚偽の講和条件を籠城側に伝

えている。その内容は「開城すれば武蔵・相模・伊豆の三国を安堵《あんど》する」というもので、後北条氏にとっては好条件での講和勧告であった。

家康は小田原城を開城させるために、この条件に嘘がないことを保証した。家康の言葉を信用した北条氏直は天正十八年（一五九〇）七月、この条件を受け入れて小田原城を開いた。

ところが秀吉はこの約束を反故《ほご》にしたうえ、氏政を切腹、氏直を高野山《こうやさん》へ追放してしまう。家康もこの結果を当然予想していたはずであった。後北条氏側は敵である秀吉ばかりか、心情的には自分たちの味方であると信じていた家康にも裏切られたのである。

江戸入府を見据えての判断

家康は結果的に後北条氏を陥れる形となったが、家康の側にも氏直らの命運にかまってはいられない事情が発生していた。このときすでに後北条氏なき後の関東は、家康に与えられることが決まっていたのである。

秀吉にとってみれば、家康が近畿《きんき》圏に近い場所に領国を持っていることは危険きわまりないことであった。そこで家康を関東に遠ざけ、関東と近畿の間を豊臣恩顧の大名で埋め、防波堤にする心づもりだったのである。

この国替えに臨んで家康は極力混乱を避けるため、後北条の統治機構を破壊せずに残し、なるべく無傷のまま関東の統治を引き継ぎたいと考えたはず。そのためには氏政や氏直を謀ってでも開城を早めようとする秀吉の謀略は、願ってもないことだったのではないか。

小田原城開城後の八月一日、家康はこれといった混乱もなく江戸に入府する。武蔵・伊豆・相模・上野・上総《かずさ》・下総《しもうさ》を引き継ぎ、関東に二百五十万石を得たのである。

入府直後から家康は江戸城とその城下の大改造に着手していった。埋め立てによる低湿地の造成・宅地化と上水の整備を推進し、新たな本拠地の都市基盤整備に努めている。

一方で家康は父祖の地である三河《みかわ》を始め、苦心して経営に当たってきた旧領を手放さなくてはならなかった。これは、確かに大きな痛手ではあったが、長期的に見れば損とばかりも言えない。なぜなら江戸は、海や河川を使った水運に有利な場所であり、経済発展の可能性を秘めているし、関東平野は広大だ。大坂から遠く離れた場所で力を蓄えるには絶好の環境であった。家康はこの国替えをチャンスととらえ、徳川家の未来のために積極的に利用したのだ。

以後、家康は豊臣の重臣としてナンバー・ツーの地位を維持しつつ、秀吉に隙を見せぬよう雌伏して機会を待った。

天下統一という大目的の前には、北条に対する裏切りなど家康にとって小さな問題だったのである。

前田利家

リーダーとして常に前線に立つ

小田原征伐に当たって、前田利家は秀吉から北国勢の総指揮を命じられている。

天正十八年（一五九〇）二月二十日、金沢を出立した利家は、上杉景勝、真田昌幸らを従え、信濃《しなの》から上野を経て関東へ進攻して後北条方の城を次々に攻略していった。

中山道《なかせんどう》の要衝、上野の松井田城（現・群馬県安中市）における攻防は激戦となり、利家らは苦戦を強いられている。

松井田城主・大道寺政繁《だいどうじまさしげ》は、敵の侵入を阻止するため国境の碓氷峠に兵を結集していた。

三月十五日に両軍は衝突し、一度は前田軍は敗走を余儀なくされている。

だが、態勢を立て直した利家は、碓氷峠を突破して松井田城に迫り、大道寺政繁に降伏を勧告する。が、政繁は全く応じようとしない。

そこで三月二十八日、北国勢は利家の指揮のもと、三方から松井田城への攻撃を開始する。城下町を焼き払い、四月七日頃から城を完全に包囲した。それでも政繁は頑強に抵抗し容易に開城しなかった。

だが、約二週間の攻防のすえ、四月二十日になって政繁はようやく降伏し、子の直重《なおしげ》を人質として差し出し、豊臣方に従うことを誓ったのである。

なお、この頃になると、利家の送り出した別働隊がすでに廏橋城（現・前橋市）を落としており、重要な北条方の拠点であった松井田城が落ちたと知ると、箕輪城（高崎市箕郷町）など、後北条氏の属城は次々に降伏していった。こうして北関東は、利家らの働きによってついに制圧されたのだった。

この松井田戦に限らず、戦闘において利家は本陣に籠《こ》もることなく、自ら戦場に出ることを心がけていた。

後年、その理由について尋ねられると、

「信長公は、柴田勝家や森可成《もりよしなり》ら優れた武将に先陣を任せつつ、自らも本陣を出て、馬を乗り換えては兵を激励し命令を下して回ったものである。大将が本陣にばかりいると、思わぬ失敗をするものなのだ」

と語り、周囲を感心させたと伝えられる。

大将自ら前線に出て戦に臨む姿勢は、当然のごとく、将兵を奮い立たせた。北関東の速やかな平定も、将たる利家と部下との信頼関係あっての快進撃だったといえよう。

意外にも算術が得意

勇将であるとともに、利家は卓越した経済観念を持っていた。お金の力というものを大変重視し、若い頃からよく部下たちに、

「とにかく金を持つことだ。金を持てば、人も世の中も恐ろしくなくなる。逆に貧乏すると、世の中が恐ろしく思えてくる」

と教え込んでいたと伝えられる。

そして常に算盤《そろばん》を携帯し、自領の収入や戦費の計算をおこない、たくみに蓄財していった。事実、利家が没したとき、前田家には莫大《ばくだい》な金品が残されていたことが、古記録より明らかになっている。

そんな前田家から融資をうけた大名も少なくなかった。利家が金を貸したのは、利子で儲《もう》けるためではない。もちろん、親切心からでもない。

利家は死ぬ直前、嫡男利長《としなが》に諸大名の借金証文の束を手渡し、

「俺の死後、前田家の味方になった大名にはこの証文を返し、借金を免除してやれ。そうすれば前田家の勢力は増大するだろう」

と遺言したと伝えられる。借金証文の中には伊達政宗、細川忠興、堀秀治《ほりひではる》といった錚々《そうそう》たるメンバーが含まれていた。

このように前田利家とは、油断のならぬ男であり、だからこそ、百万石の太守に成り上がれたのである。

思いがけない秀吉の叱責《しっせき》

松井田城開城後、利家は大道寺政繁を伴って小田原城を包囲中の秀吉の元へ出向き、戦況報告をおこなった。このとき秀吉は、利家の働きに大変満足し、関東の仕置きを一任している。

続いて利家は、秀吉の指示で武蔵国に進攻し、河越《かわごえ》城（現・埼玉県川越市）、松山城（同比企郡吉見町《ひきぐんよしみまち》）を攻略した。そして五月の中旬から当主・北条氏直の叔父《おじ》・氏邦が守る鉢形城（同大里郡寄居町《おおさとぐんよりいまち》）攻略に着手していった。

守将・氏邦の奮戦によって攻略はかなり難航したものの、岩付城（現・埼玉県さいたま市岩槻区）を落とした浅野長政軍の応援を得て、六月十四日ついに開城させることに成功したのだった。

利家は開城に当たって、城兵に対して非常に寛大な措置をとり、氏邦は寄居の正竜寺に入って出家し、一命を救われている。

しかしこの措置が、利家を思わぬ窮地に追い込むこととなった。

鉢形城を開城させた利家は、再び戦場を離れて小田原へ出向き、秀吉に戦況報告をする。当然、今回も秀吉からねぎらいの言葉があるものと期待していた利家だったが、秀吉の機嫌は良くなかった。その口からは、意外な言葉か飛び出したのである。秀吉は、

「七、八カ所の城々、せめて一城は破却し撫切《なでぎり》にし宜《よろ》しからんものを」

と苛立《いらだ》ちを顕《あら》わにしたのである。褒められるどころか、そのやり方の手ぬるさを責められ、

「一カ所くらいは皆殺しにしてもよさそうなものだ！」

と叱責されてしまったのである。

秀吉の目には、利家らが敵に降伏を促すばかりで、力攻めすることを嫌っているように見えたのだ。

秀吉の叱責に驚いた利家は、次の八王子城攻めでは名誉挽回《ばんかい》を図ろうと考えた。ここで秀吉に「怠慢」のレッテルを貼られてしまっては、先々どのような咎《とが》めを受けるかわかったものではない。利家は、並々ならぬ覚悟で八王子城へと向かった。

八王子城で見せた冷酷さ

六月十七日に小田原を出立し、八王子城へ向かった利家は、同二十二日八王子に着陣する。そして翌二十三日未明より、上杉景勝勢と二手に分かれて攻撃を開始した。その数約五万人。

八王子城は、深沢山《ふかざわやま》という険しい山全体を要塞《ようさい》化した籠城に有利な城であった。ふもとには家臣団の居住区である根小屋地区、城主氏照の館《やかた》がある居館地区があり、深沢山の中腹より上が要害地区であった。

城主氏照は小田原城に籠城中であったため、城は城代の横地監物《よこちけんもつ》、氏康時代から後北条氏に仕える狩野一庵《かのういちあん》、中山勘解由《かげゆ》らが守っている。その数はわずか三千ほどで、動員された領民や戦火を避けて城に入った婦女子も多かった。

この日、八王子城周辺には、前夜から濃い霧が立ちこめていた。そのため城内の兵は、寄せ手が城に接近するまで全く気づかず、銃声を聞いてあわてて守備についたという。

利家は、秀吉の怒りを解くためには、城兵を殲滅《せんめつ》するしかないと考えていた。だから悠長に城を囲むこともなく、さらには降伏勧告もせずに、ひたすらに力攻めで八王子城を落とそうと考えたのである。

城の大手口から攻め込む上杉軍と二手に分かれ、利家率いる前田軍は搦手《からめて》（城への裏口）から城の主郭部を目指して駆け上っていった。

数の上では圧倒的だったものの、地の利を得た城方の激しい応戦によって前田軍は大いに苦戦した。本丸の北側を守る山下曲輪《くるわ》では激しい銃弾の雨にさらされ、多くの精兵を失ったといわれる。

前田軍はそれでも前進を続け、中山勘解由の守る中の丸に襲いかかっていった。しかし、中山勢の抵抗もすさまじく、前田軍は馬廻《うままわり》や小姓衆といった親衛隊三十名を失ったあげく、十時間をかけてようやく中の丸を落としたのである。

この中の丸陥落と同時に城代・横地監物は本丸から敵中を突破して城外へ脱出した。かくして二十三日夕刻に戦闘は完全に終了したのだった。

城内では、この容赦のない攻撃を見て、敵の手にかかることを恐れた女たちが次々と自害して果て、城方の死者は千人にも及んだという。

一書には「前田軍だけで三千の首級を挙げた」と記されている。この数はいかにも多すぎるが、戦闘の凄惨《せいさん》さを物語っているとも言えよう。

なお、利家の取った強引な力攻めが災いし、前田軍も城方と同等の被害を出している。利家は、捕虜二百名余と夥《おびただ》しい数の首級を軍船で小田原へと送り、沖合に並べて小田原城中にいる兵たちへの見せしめにした。

温厚で知られた利家だが、秀吉の勘気をかわし前田家の安泰を図るためならば、どこまでも冷徹になれる男でもあったことがわかる。この覚悟こそが戦国大名として、また組織のリーダーとしての条件だったのである。

氏邦助命の深慮遠謀

だが、小田原開城後も利家に対する秀吉の怒りは解けず、浅野長政の取りなしによってようやく収まったようだ。

しかし利家は、秀吉の不興を買う原因ともなった北条氏邦を、これ以後も大切に扱っている。

秀吉から氏邦を預けられた利家は、千石の知行《ちぎょう》を与え、能登紬《のとつむぎ》（現・七尾市《ななおし》）に住まわせた。氏邦はここで平穏な余生を送り、慶長二年（一五九七）に五十七歳で死去している。

すると利家は氏邦の死後、京都の大徳寺《だいとくじ》で喝食《かつじき》を務めていた氏邦の四男・庄三郎を呼び寄せ、元服させて父の知行を相続させてやっている。さらに、自分の甥である前田慶次郎《けいじろう》の娘を娶《めと》らせ、家臣として側近くに置いたのである。

徳川家康は、氏邦とその一族に対する厚遇を不審に思い、利家の子・利長に対して、

「北条父子は上様（秀吉）が御成敗した者なのだから、出家したままにしておくべきではないのか」

と尋ねたことがある。

利長が家康の言葉をそのまま父に伝えると、利家は家康に対し、

「いやいや、氏邦は先年私に預けられた者だが、死後跡継ぎもなかったので、庄三郎を呼び出したまでのことです」

と答えた。

しかしその後、利家は利長を密かに呼び、

「なんとお前は大志なき者か。いずれ家康と我らは必ず敵となるであろう。その時、関東は以前の主を忘れない義理深い国なのだから、後北条一族を押し立てて旗を揚げさせれば、即座に関八州は味方となるであろう」

と諭したと伝えられる。

徳川家康の暗殺疑惑

秀吉の死後、天下を狙う家康を利家が暗殺しようとしたという説がある。

まさに、利家が死去する一月ほど前、家康が大坂の利家邸を訪問した。病気見舞いであ

ろう。このとき利家は、密かに家臣たちを武装させ、暗殺してしまおうと計画していたという。そして家康がやってきたさい、息子利長に向かい、

「家康が入ってきた。心得ているな」

と念を押した。ところが利長は、

「はい、今朝からご馳走《ちそう》の件は、家臣たちに申しつけてあります」

と見当はずれな返事をしたのである。これに失望した利家は暗殺を断念し、家康の退出後に利長を呼びつけ、布団の下から太刀を取りだし、

「お前に器量があれば俺は家康を殺したろうが、お前は天下を奪える器ではない」

とため息を吐き、

「お前のことは、よく家康に頼んでおいたから、安心しろ」

そう語ったという。

だが、どうやら利家は、利長のことを甘く見すぎていたようだ。彼はわざと父の暗殺を阻止するために、的はずれなことを言ったのだ。利長は、すでに次の天下人は家康になると考え、家康に近づきつつあったのである。一説によれば、家康を殺害しようとしていた藩士や弟利政《としまさ》を諫止《かんし》したのも、利長だったと伝えられる。知らなかったのは、病床にあっ

た利家だけであった。

前田利長、家康に屈し御家安泰をはかる

結局、利家の存命中は家康と敵対することはなく、後北条氏の復権も叶《かな》わなかったが、利家の死の翌年には関ヶ原の戦いが起こり、家康は覇権を握って天下人になっている。利家はすでに小田原征伐の直後からこの日の来ることを予想し、深慮をめぐらせていたのである。

ただ、長年父の薫陶を受けてきた利長は、家康に屈することで家を守る道を選んだ。利家の死後五大老に列し、大坂城で秀吉の遺児・秀頼《ひでより》の後見を務めていた利長だったが、まもなくして加賀《かが》へ帰国する。

すると家康が、利長に謀叛《むほん》の疑いがあると難癖をつけ、加賀を攻める姿勢を見せたのだ。このとき利長は、実母の芳春院《ほうしゅんいん》（利家の妻・まつ）を人質として差し出し、いち早く家康に屈してしまった。

さらに関ヶ原の戦いの翌年、弟・利常《としつね》の妻として、当時三歳だった徳川秀忠《ひでただ》の娘・珠《たま》

（天徳院《てんとくいん》）を迎え徳川家と姻戚関係を結んだ。さらに後年、徳川家の重臣・本多正信《まさのぶ》の次男政重《まさしげ》を召し抱えて徳川とのつながりを強化するなど、あらゆる努力を払って前田家の安泰を図った。

利家の深慮遠謀と利長の慎重姿勢が、加賀・越中《えっちゅう》・能登三国にまたがり「加賀百万石」と称された大藩・加賀藩の基礎を作り上げたのである。

上杉景勝

氏政の弟との家督争い

上杉景勝と後北条氏との因縁は深い。

景勝は、越後国魚沼《うおぬま》郡上田荘の坂戸《さかと》城主・長尾政景《まさかげ》の子で、母は上杉謙信の姉であった。父の死後に叔父・上杉謙信の養子となっている。

謙信の死後、同じ養子の上杉景虎《かげとら》と家督を争い「御館《おたて》の乱」を引き起こすが、この景虎こそ北条氏康の七男にして氏政の弟・氏秀《うじひで》である。

天正六年(一五七八)三月十三日に謙信が死去すると、景勝は、

「臨終の間際に謙信が自分を跡目と定めた」

と称して春日山《かすがやま》城の本丸を占拠した。この行動の背景には、景勝と一心同体の側近・直

江兼続の策謀があったと言われている。景勝にしてみれば、後北条氏ゆかりの景虎が当主となれば、いずれは越後も北条に併合されてしまうという危機感があったのであろう。

景虎は春日山城を追われ、関東管領《かんれい》上杉憲政が居館としていた「御館」に移る。だが、景虎としても跡目を景勝に譲り、小田原へ帰国するつもりなど毛頭なかった。こうして上杉家中を二分する御館の乱が起こったのである。

当然のことながら、景虎は実家の兄・氏政に救援要請を出している。しかし氏政は当時、常陸と下総の国境・絹川《きぬがわ》に在陣していたため動くことができなかった。そこで同盟関係にあった甲斐《かい》の武田勝頼《かつより》に援軍の派遣を依頼する。

勝頼は同年五月、上杉との長年の確執に決着をつけるのはこのときとばかり、二万の兵を信越の国境に繰り出した。この軍勢が景虎に助力したら、景勝には万に一つの勝ち目はなかったろう。ゆえに景勝は、思い切った手段に出た。勝頼との和議に動いたのである。景勝は勝頼の側近を買収し、さらには勝頼にも一万両を贈り、勝利の暁には東上野を譲ることを約束して自分に味方するよう求めたのである。

当時の武田氏は天正三年（一五七五）に行われた長篠《ながしの》の戦いで織田・徳川連合軍に敗れ、人材にも軍資金にも困窮していた時期である。

だから勝頼は景勝の誘いに乗り、信濃から越後に侵入して妙高《みょうこう》山麓の小出雲原に着陣するが、ここで動きを止めてしまったのである。

それに勝頼にしてみれば、自分たちを越後に向かわせながら自身は動こうともしない北条氏政に対する不信感もあったろう。甘言を弄《ろう》して甲斐と越後を争わせ、漁夫の利を得ようとしているのではないかと疑った可能性もある。

天正六年九月、ようやく後北条氏の軍勢が越後へ進攻を開始し、北条氏照の軍勢が南魚沼郡の坂戸城を囲んだ。しかし、武田の軍勢が加勢に動いたのを見て、氏照は兵を引いてしまった。

当初は景虎派が優勢のうちに進んだ御館の乱は、翌天正七年初頭から景勝勢が攻勢に出て激しく御館城を攻め、ついに三月十七日にこれを攻略した。かくして景虎は敗死し、景勝が勝利を手にしたのである。

秀吉に臣従

景虎を追い上杉家中を掌握した景勝だったが、上杉家の混乱を見て攻勢に出た織田信長に苦しめられることとなった。

北越後の新発田重家《しばたしげいえ》が信長と通じて景勝に敵対し、越中の佐々成政《さっさなりまさ》や上野の滝川一益《たきがわかずます》など織田勢に周辺を取り囲まれ、景勝は絶体絶命の状況に陥ってしまう。しかしその矢先、景勝にとっては運の良いことに本能寺の変で信長が横死を遂げたのである。

秀吉との接触が始まったのは、本能寺の変の翌年、天正十一年（一五八三）からのことであった。信長亡き後の主導権争いで越前《えちぜん》の柴田勝家と険悪になりつつあった秀吉が、景勝を味方に引き込むべく接近を図ったのである。

天正十三年、秀吉は佐々成政を討つため北陸に兵を進めた。この時の景勝と秀吉の逸話が残されている。

景勝は秀吉と同盟したものの、容易に臣従しようとはしなかった。そこで秀吉は石田三成と木村秀俊《ひでとし》のただ二騎と雑兵《ぞうひょう》三十八人を連れ、須賀修理亮《すがしゅりのすけ》が守る落水城《おちみず》（現・新潟県糸魚川市《いといがわ》）を訪れて景勝への仲介を申し入れた。

須賀は景勝に使いを出し、

「秀吉を討つならば軍勢を出すまでもありません。それがしが討ち果たして見せましょう」

と景勝に決断を迫った。これに対し景勝は、

「天下の権力を司《つかさど》る秀吉ほどの者が多くの難所を越えてここまで来たのは、ひとつには好《よし》みを結ぶため、ひとつにはこの景勝が卑劣な振る舞いをしないと信頼してのこと。それを討ったのでは自分がこれまで築いてきた弓箭《きゆうぜん》の名を汚してしまう」

として、直江兼続ら十二騎と兵六十ほどを引き連れて落水城に向かい、秀吉と対面。景勝、秀吉、兼続、三成の四人だけで四時間ほども密議を交わしたという。

この逸話が事実かどうかはともかく、両者の間にこの頃から深い信頼関係が生まれていたことは確かであろう。

天正十四年六月には景勝が大坂城で秀吉に謁見。豊臣政権の一大名として秀吉に臣下の礼をとっている。

小田原征伐における活躍

天正十八年一月九日、秀吉は景勝に対し北国勢の一員として小田原征伐に参加するよう命じた。戦功によっては望みの地を与えると約し、兵が足りない場合は援軍を送るとも告

げている。

信濃で前田利家らと合流した景勝は、一万の兵を率いて四月一日に上野へと進攻する。四月二十日、箕輪城、廏橋城などを陥落させたのをきっかけに松井田城が落ち、北国勢は北関東の攻略に成功。勢いにのった景勝は武蔵鉢形城の攻略に向かった。

鉢形城は、北条氏政の子・氏房《うじふさ》の岩付城や氏政の弟・氏照の八王子城と並び、後北条氏の領国支配の拠点であった。

荒川の断崖《だんがい》に築かれた、守るに易く攻めるに難いこの城の攻略に、景勝は思わぬ苦戦を強いられている。城の主は、氏政、氏照の弟にして北条一族の実力者・北条氏邦である。

攻撃は三方から行われ、前田軍が東方の搦手を担当。真田昌幸の軍勢が北方を担当し、景勝は南方の大手《おうて》から攻めたが、城兵の士気は高く攻撃は難航する。城方ではしばしば兵を城外に出して景勝らを翻弄した。

戦況が好転したのは、岩付城を落とした浅野長政が攻撃に加わってからのことである。浅野勢の参加により寄せ手の軍勢は五万にふくれあがり、さすがの氏邦ももはや勝ち目はないと観念したのであろう。自らの命と引き替えに城兵の助命を嘆願した。ただ、すんなり開城したわけではない。寄せ手による乱暴狼藉《ろうぜき》を取り締まるよう、景勝らを相手に条件闘争をおこない、ようやく六月十四日に城を開いたのである。

これで残る北条の重要拠点は、八王子城のみとなった。

北国勢を率いる前田利家は、先述のとおり、秀吉から鉢形城攻めの怠慢を叱責され、次の八王子城攻撃には強い決意で臨んだ。

このとき景勝の軍勢は、八王子城の大手口から攻め込み、要害部への抜け道を知る者を案内役に立てて三の丸を奇襲している。

その地形の急峻《きゅうしゅん》さから、城方はよもやこの場所から敵が侵攻するなどとは考えもしなかったため、景勝は三の丸を難なく占拠することに成功した。

八王子城攻略を終えた景勝に対し秀吉は、小田原参陣を命じる手紙を出しているが、小田原城が開城したため、景勝は最後まで抵抗を続ける忍城の攻撃へと向かったのである。

秀吉への忠義を貫く

小田原征伐終了後も、景勝は常に秀吉に忠実に従っている。文禄《ぶんろく》元年（一五九二）に始まった「文禄の役」では五千人を率いて肥前名護屋《なごや》に在陣。六月に渡海して熊川《ゆうせん》に出陣し、翌年九月に帰国している。

戦場での景勝は泰然自若として床几《しょうぎ》に腰を下ろし、言葉も発しなければ表情も変えない。しかし勝機と見れば養父・謙信がそうしたように、自ら馬に乗って戦場を駆け巡った。

そんな鬼神にも似た景勝を、最も恐れたのは味方の兵たちであった。彼らは景勝を直視することはおろか、近づくだけで全身から汗が噴き出し、体が硬直してしまうほどだったという。

景勝の行列からは人の声はおろか咳払《せきばら》いひとつ聞こえず、ただ人馬の足音だけが規則正しく響く見事な統率ぶりであった。

あるとき、戦場で川を渡ろうとした兵が一斉に舟に殺到し、舟が転覆しそうになったことがある。それを見た景勝が無言で鞭《むち》を振り上げると、兵たちはあわてて川に飛び込み泳いで渡ったというエピソードも伝えられている。

秀吉はそんな無骨で忠義に篤《あつ》い景勝に信頼を寄せ、常に豊臣政権の重鎮として彼を遇し、友情にも似た感情を抱いていたようだ。

死の直前に景勝を会津に国替えさせたのも、奥州の伊達や関東の徳川といった豊臣家に仇《あだ》なしそうな大名たちの抑えとなることを期待してのことである。

景勝はその期待に応《こた》えるかのように、慶長五年（一六〇〇）に起こった関ヶ原の戦いでは石田三成に荷担。直江兼続に命じて会津を要塞化し、家康の襲来に備えたという。

結局、この義理堅さが災いして戦後の上杉家は出羽米沢三十万石に減封されたが、義を貫いた景勝の態度に心を打たれた家臣たちは、減封により生活が厳しくなることも厭《いと》わず、その多くが米沢への同行を希望したと伝えられている。

大坂の陣での引き際

その後、景勝は家康の信頼を取り戻し、慶長十九年（一六一四）の大坂冬の陣では、大坂への参陣を許可され、五千の兵を率いて十一月二十三日に大坂城東方の鴫野《しぎの》に着陣している。その直後、家康から二十六日を期して鴫野砦《とりで》を占拠せよとの密命が届く。

よって二十六日未明、井上頼次《よりつぐ》ら二千が守る鴫野砦を急襲した。勇猛を謳《うた》われた上杉軍団は見る間に井上隊を崩していき、今少しで砦を占拠できるかに思えた。

ところがである。鴫野の危機を知った木村重成《しげなり》と後藤又兵衛《またべえ》が、大坂城から大軍を引き連れて来攻したのだ。それがために形勢は逆転、上杉兵は好餌《こうじ》となって次々討ち死にしていった。それでも景勝は退却しようとせず、味方に前進を命じ続けた。見兼ねた家康は、陣を引いて後続の堀尾忠晴《ほりおただはる》隊と交替するように勧めた。が、景勝は、

「今朝より命懸けで占拠した場所を、どうして他人に譲ることができましょう」

といって聞き入れなかった。しかしこのままでは全滅である。

そこで、丹羽長重《ながしげ》が景勝を説得すべく、直々に上杉本陣に赴いた。が、そこで長重が見たものは、異様な光景だった。

床几に腰を下ろした景勝は、大坂城を睨《にら》み据えたまま身じろぎひとつせず、跪《ひざまず》いた左右の軍兵《ぐんぴょう》三百人も、やはりピクリとも動かないのである。乱戦で敵味方が叫びわめくなか、本陣は嘘のように静まり返っていた。ときおり、『毘《び》』の文字旗が風にたなびくことで、かろうじて時が流れているのがわかる。圧殺されるほどの重厚感だった。

長重はあまりの威厳に、強い衝撃と感動を覚えたという。

だが、景勝にとっては、この戦いが幕府に忠節を示す最後のチャンスだった。是が非でもここで力戦して、名誉を挽回したかったのだ。結局、度々の催促により、景勝はついに退却を決意するが、その引き際がこれまた見事だった。多数の鉄砲を一斉に放ち威嚇しておいて、にわかに軍を後退させ素早く後続隊と入れ替わったのである。

翌年の夏の陣では、上杉軍は京都の警護と枚方《ひらかた》街道・河内往還の検閲を命じられている。戦いに参加できなかったが、譜代大名並みの役につけたことに、きっと景勝も内心満足したのではなかろうか。

第三章　小田原征伐時代のリーダーたち——北条方

北条氏政

「暗愚な四代目」のレッテル

後北条氏を東国最大の大名に押し上げたのは、なんと言っても、第三代当主の北条氏康の力によるところが大きいといえる。

氏康は、天文《てんぶん》十五年（一五四六）関東管領《かんれい》である扇谷上杉氏を武蔵河越城にやぶり、武田・今川との間で三国同盟を結ぶなどして、後北条氏の最盛期を築いた。

その氏康から後北条氏の家督を引き継いだ長男が、本稿の主人公・氏政である。しかしながら巷説《こうせつ》では、この氏政という人物は、内政・外交能力に乏しく、軍事的才能においては弟・氏照の足下にも及ばない、きわめて暗愚な男であったとされている。

実際、小田原征伐の際には、籠城《ろうじょう》戦を強く主張し、結果的にこれが、後北条氏の滅亡につながっているのだから、決断を誤ったリーダーというレッテルを貼られてもやむを得ない部分があろう。

そんな氏政の判断力の甘さには、父である氏康も大いに不安を感じていたという逸話が残っている。

あるとき氏政が飯に汁をかけて食事をしていたが、汁が少ないことに気づいた氏政は、飯に汁をかけ足したのである。これを見た氏康は、

「お前は、自分の食べる汁の量すら予測できないのか」

と嘆いたという。

その後、このエピソードは、氏政が実権を握っているときに北条が滅んだこととあいまって、氏政＝暗愚というイメージを補強し、定着させるものとなった。

しかし、本当に北条氏政は、暗愚なリーダーだったのだろうか？

そのあたりについて、詳しく語っていこう。

小田原城初の籠城戦を経験

氏政は、永禄二年（一五五九）に氏康から後北条氏の家督を譲られているが、相続した当初はほとんど実権がなく、「御本城様《ごほんじょう》」と呼ばれた氏康が息子の後見をするという形で、家中《かちゅう》を取り仕切っていた。

この体制は「小田原二屋形《ふたやかた》」などと称され、氏政の指導力のなさを示す証拠であるかのように喧伝《けんでん》されてきた。

代替わりの年には、領国支配のための基本帳簿とも言うべき『小田原衆所領役帳』を完成したが、これも当然氏康が始めた事業であり、氏政の業績とは言いがたい。

しかしながら、氏政のために弁解すれば、彼が家督を相続したのは二十代の前半であり、周辺大名の動きから見ても、まだ壮年の氏康が補佐をするのは当然であろう。これを以《もっ》て、氏政が特別指導力に欠けていたという評価は当たらない。

軍事に関しても、氏政はまだ経験が浅い。ゆえに父に従いさまざまな戦を経験する必要があった。家督相続から二年後の永禄四年（一五六一）、長尾景虎（後の上杉謙信）による小田原城攻めがおこなわれた。

景虎は遠く越後の戦国武将だが、北関東や房総《ぼうそう》にまで攻勢をかけてきた後北条氏に対し、侵攻を受けた諸将は、猛将と名高い景虎に盛んに応援を求めた。そこで永禄三年（一五六〇）、景虎は関東管領の上杉憲政を奉じて関東に出兵してきたのだ。そして常陸の佐竹氏を始め関東の反後北条勢力を結集し、同年九月には上野国の岩下城・沼田《ぬまた》城を攻略して廏橋城に入り、次いで後北条方の武蔵河越城や滝山《たきやま》城を攻め立てたのである。

さらに翌永禄四年三月、ついに後北条氏の本拠地である相模国へ侵入し、本城たる小田原城を包囲したのだった。

このとき後北条側は徹底的な籠城作戦をとった。天下の堅城は、長期間持ちこたえることができ、やがて越後から遠征して来た景虎は、食糧が尽きて撤退を余儀なくされるだろうと踏んだのだ。実際、城下に放火するなどしたものの、本格的な戦闘に至ることなく、景虎は軍を引いている。

父の補佐を受けたとはいえ、若き当主氏政にとって、景虎の猛攻を小田原城における籠城戦で防いだことは、武将としての経験値を飛躍的に向上させ、その後の自信につながったはずである。

同盟と離反

永禄七年（一五六四）正月、後北条氏は下総の国府台《こうのだい》で里見《さとみ》義弘《よしひろ》と戦い、勝利を収めた（第二次国府台合戦）。この後、永禄十年頃までに武蔵・上野・下総の領主の多くが後北条氏に服属し、関東支配を目指してきた上杉謙信は勢力の後退を余儀なくされた。

永禄八年頃からは氏政が軍事行動の中心を担っており、氏康の出陣は減っている。

永禄十一年（一五六八）十二月、武田信玄が今川・北条との間で三国同盟をむすんでいたのに、今川氏の領内に侵攻していった。このため後北条氏は、関東の支配権を巡って争ってきた上杉謙信と越相同盟を結ぶ。このとき謙信は、氏政の弟・氏秀を養子に迎え「景虎」を名乗らせている。

なお、上杉氏と同盟を結んだことに激怒した信玄は、永禄十二年秋、にわかに後北条領に侵攻し、武蔵鉢形城、八王子の滝山城を攻め立て、十月になると、謙信と同様に小田原城を包囲したのである。しかしこのときも氏政は籠城策を取り、長期戦を嫌う信玄はしびれを切らして兵を引いている。

この間、再三にわたる援軍要請にもかかわらず、越後の上杉謙信は全く動こうとしなかった。このため氏政は、元亀《げんき》二年（一五七一）に武田と講和し、上杉と結んだ越相同盟を破棄している。これは氏康の遺言だったというが、決断を下したのは氏政であり、的確な判断だといえよう。

天正六年（一五七八）、あのライバル・上杉謙信が死去する。このとき謙信の二人の養子、景虎と景勝が継嗣を争い、「御館の乱」が起こった。

氏政は、実弟でもある景虎への援助を武田勝頼に依頼するが、勝頼は景勝と同盟を結んでしまう。激怒した氏政は、即刻武田との同盟を解消し、再び武田と対立することになったのである。

いずれにせよ、無能呼ばわりされる氏政の時代に、後北条氏は最大版図を手にしている。これは、リーダーとしての氏政が勝れていた証左に他ならない。

妻への思い

氏政の性格は、その妻に対する態度によく表れている。

氏政が結婚したのは、天文二十三年（一五五四）のこと。武田・今川との間で三国同盟を結ぶ際の証《あかし》として、信玄の娘（後の黄梅院《おうばいいん》）を正妻に迎えたのである。同盟のための政略結婚ではあったが、夫婦仲は至極円満で、四人の男児に恵まれている。しかし永禄十一年（一五六八）に武田との同盟が崩壊すると、夫婦間に暗雲が立ちこめた。周囲は武田の離反に怒り、妻を離縁して里へ帰すよう氏政に迫ったのである。

ところが氏政は、なかなかこれを承諾しなかったと伝えられている。離縁をしぶり、ついに妻を里へ帰すことが決まると、丁重に甲斐へ送り届けたという。

戦国の世にあって国や家の面子《メンツ》よりも妻を優先しようとする男は、よほどの愚か者か剛の者かのどちらかであろう。

女を政治の道具程度にしか思っていなかったこの時代の人には珍しく、氏政は非常な愛妻家であり、またそれを隠そうともしなかったのである。そういった意味では、人間的には勝《すぐ》れていたといえるだろう。

後に再び武田氏との同盟が復活したときには、黄梅院はすでにこの世を去っていた。すると氏政は、その死を悼み、箱根の早雲寺に塔頭《たっちゅう》を建ててその菩提《ぼだい》を弔っている。

このような元妻への執着は、ともすれば軟弱のそしりを受けかねない。後北条家の当主たる者の取るべき態度ではないと考えた家臣も皆無ではなかったはず。

だが氏政のこれらの行動が、当時家中に波紋を投げかけたという形跡はない。すなわち、氏政の私生活や心情がどうであれ、彼の当主としての権威は損なわれなかったということであろう。後世さまざまな悪評にさらされてきた氏政だが、家中の掌握には何の問題もなかったことがこのエピソードに示されている。

氏政唯一の判断ミス

天正七年（一五七九）武田勝頼は駿河《するが》に進出し、後北条氏と敵対する佐竹氏と盟約を結んでいる。これに対し氏政は、徳川家康と武田氏を挟撃することで一致し、同盟を結んだ。両者は伊豆・駿河国境の黄瀬川《きせがわ》を挟んで天正七年九月、翌八年八月の二度にわたり対峙《たいじ》するが、さしたる動きもなく両軍とも兵を引いている。

氏政が嫡子氏直に家督を譲ったのは天正八年、黄瀬川での対陣中のことであった。しかし、父の氏康がしたように、氏政も自ら実権を握り続け、氏直を陰から支えている。

天正八年と言えば織田信長が畿内《きない》を掌握し、西国の統一も時間の問題となりつつある時期である。氏政の仕事も織田政権といかにつきあい、後北条氏を存続させるかという点に絞られていた。

氏政は、日の出の勢いの信長との直接対決を避けるため、家康を通じて織田信長に接近する。当主・氏直の正妻を織田家から迎えようとした形跡もある。

天正十年（一五八二）には織田・徳川連合軍により武田氏が滅亡する。このとき氏政も形ばかり協力しているが、その圧倒的な軍事力を目の当たりにして、氏政はいっそう信長と事を構える愚を痛感し、以前にも増して織田政権への接近を図っている。

彼の心中には、後北条氏が織田政権の有力大名として関東一帯の支配を続けるという青写真が描かれていたはずである。これは後北条氏にとってきわめて現実的な選択であった。

その氏政の構想を一気に覆したのが、同年六月に起こった本能寺の変である。

以後、後北条氏は、信長が楔《くさび》として関東の上野国に送り込んだ織田家重臣・滝川一益を追い、徳川家康や奥州の伊達政宗との連携をはかり、さらに北関東へ領土を広げていった。だが、数年間の間に羽柴（後の豊臣）秀吉が急速に西国で勢力を膨張させた。

それまで家中をまとめ上げリーダーシップを発揮してきた氏政だが、なぜか豊臣政権に近づこうとはしなかった。これは彼の大きな外交的失敗であった。

信長の軍門に降る姿勢を見せていた氏政が、どうして家康が秀吉の旗下に降った時点でこれに同調し、秀吉に従わなかったのか。

一つは、敵対していた常陸の佐竹氏や越後の上杉景勝などが、一早く豊臣政権と結んだことが大きいだろう。さらに、秀吉と敵対してきた家康が、豊臣政権に降るとは考えず、家康や政宗と結んで豊臣政権を凌駕《りょうが》できると思い込んでいたふしもある。ともあれ、この判断ミスが後北条氏の滅亡につながったのである。

小田原城での籠城戦を決断したことも、大きな失策であった。確かに小田原城は攻めるに難い城であり籠城の準備も万端であったが、所詮《しょせん》、援軍の見込めない籠城では勝ち目はなかった。

おそらく、かつて上杉謙信・武田信玄という強敵の侵攻を籠城戦でしのいだという成功体験が氏政の判断を誤らせたのであろう。あるいは、息子の義理の父親である徳川家康の寝返りや伊達政宗の後詰めに期待しての籠城だったのだろうか。

いずれにせよ、最後の最後で選択を誤った氏政は、小田原開城後の天正十八年七月十一日、自ら五十三歳の生涯を閉じている。

北条氏照

小田原本城を守る兄弟衆

北条氏照は、後北条氏三代・北条氏康の三男として生まれた。生年については、天文九年（一五四〇）、十年、十一年説があり、正確にはわかっていない。

兄である氏政が永禄二年（一五五九）に家督を相続すると、その補佐役として後北条氏の勢力拡大に絶大な功績を残した。

父の氏康は天文十五年（一五四六）四月、武蔵河越城における「河越夜戦」で関東管領上杉憲政らに大勝すると、氏照を上杉氏の重臣である武蔵滝山城主・大石定久《おおいしさだひさ》の婿養子とした。

これは、氏康の戦略であった。

氏康は、氏政の「兄弟衆」たる氏照や氏邦（氏康の四男で藤田《ふじた》氏を相続。武蔵鉢形城主）を名族の養子に入れ、関東全域支配のための足がかりとしたのである。また五男の氏規を相模の三崎《みさき》城主とするなど、自分の息子たちや重臣に支城を任せ、関東一帯に支城を網の目のように配置し、小田原の本城を防御する態勢を構築していった。

氏照が滝山城（東京都八王子市）に入ったのは永禄二年頃と推定されている。この地は、古くから大石氏が支配してきた地域であり、新興の後北条氏の血筋を引く氏照が歓迎されたはずもない。だから氏康は、一時期氏照に大石姓を名乗らせるなどして地元の人心掌握に努めている。しかしやがて氏照は、北条姓を名乗るようになる。それができるほど、関東における後北条氏の勢力が強大化した証拠である。

古河公方《こがくぼう》への介入

後北条氏にとって越後の上杉氏や甲斐の武田氏は、北関東への進出の上で大きな障害だったが、下総古河を根拠地とする古河公方も目障りな存在であった。

古河公方は、享徳《きようとく》三年（一四五四）、関東管領の上杉憲忠《のりただ》を殺して室町幕府に追われ、古河に拠点を移した足利成氏《あしかがしげうじ》を祖とする。もともとは足利尊氏《たかうじ》の四男・基氏《もとうじ》の血筋を引き、代々鎌倉公方（幕府から関東の統治を委任されている職）をつとめていた家柄だ。

いずれにせよ、それ以後、古河公方は、北関東に隠然たる影響力を持つ存在となっていた。

そんなこともあり、後北条氏二代・北条氏綱《うじつな》は、古河公方を懐柔するため、天文八年（一五三九）、娘の芳春院《ほうしゅんいん》を四代目・古河公方の足利晴氏《はるうじ》に嫁がせて縁戚《えんせき》関係を結んでいる。ところが晴氏は北条氏と敵対するようになり、天文十五年、関東管領上杉憲政とともに北条氏康と戦ったが、河越夜戦で大敗北を喫してしまう。

そうすると後北条氏は古河公方に対して露骨な介入を始め、天文二十一年には、晴氏と芳春院との間に生まれた義氏《よしうじ》を強引に古河公方に就任させたのだった。

天文二十三年には晴氏を相模国に幽閉し、関宿城《せきやど》（千葉県野田市）城主で公方家の宿老・簗田《やなだ》晴助《はるすけ》を古河城に移し、義氏を関宿城に入れたのである。

関宿城は、北関東を押さえるには絶対に必要な要衝の地であり、氏康はこの場所を押さえることは一国を取るに等しいと考えており、伝統的権威である古河公方を置いたのだ。

ところが永禄三年（一五六〇）、越後の長尾景虎（後の上杉謙信）が関東管領の上杉憲政を擁して関東へ襲来してくる。景虎はこのとき簗田晴助と結び、義氏を放逐して晴助を関宿城に復帰させると同時に、晴助の孫にあたる藤氏《ふじうじ》を古河公方として擁立、古河城に入れたのだ。

これに対して氏康は関宿城の奪還に動き、三度にわたって「関宿合戦」が展開されるのである。

永禄八年に行われた最初の合戦では氏康自らが出馬したが、関宿城を落とすには至らなかった。そこで氏康は、関宿攻略を三男の氏照に全面的に託したのである。

外交交渉をそつなくこなす

氏照は永禄十一年、関宿にほど近い栗橋《くりはし》城(茨城県五霞町《ごかまち》)を拠点に、二カ所の砦《とりで》をつくり関宿城を攻め立てた。

同時に氏照は、越後の上杉謙信との同盟を模索し、秘密裏に外交を展開している。交渉は難航したが、氏照はこの同盟によって謙信が後顧の憂いなく上洛《じょうらく》し、天下への第一歩を踏み出すことができるという点を強調して上杉側を巧みに説得したと伝えられる。謙信としても長年の関東攻略で疲弊しており、氏照が関宿城を陥落寸前まで追い込んだことで、関東の諸将の心も謙信から離れつつあり、手詰まりの状態になっていた。

氏照は、秀吉との対決を主張し、戦上手でもあることから好戦的で武張った人物と思われているが、外交交渉をそつなくこなす知謀を持ち合わせた武将だったのである。

氏照の交渉が功を奏し、永禄十二年閏《うるう》五月に越相同盟が成立する。氏照と謙信は、互いに刀剣を贈り合って講和の印とした。これにより氏照は関宿攻めを中止し、関宿城周辺に構築した砦を破却したのである。

滝山城包囲戦をしのぐ

後北条氏が上杉と同盟したことにより、激怒した甲斐の武田信玄は、にわかに北条と袂《たもと》を分かち、小田原へ向けて侵攻を開始した。

氏照の居城である滝山城は、信玄の小田原侵攻ルート上にあり、氏照は正面から武田軍と対決することとなる。

武田軍約二万騎は、永禄十二年九月十日に氏照の弟・氏邦が守る武蔵鉢形城を攻め、続いて多摩川沿《たまがわ》いに位置する滝山城の対岸・拝島《はいじま》に着陣した。

信玄にしてみれば、武田を裏切り上杉との同盟を推進した氏照の城を、面子にかけて叩《たた》いておく必要があったのであろう。

信玄はこの遠征に先立ち、家臣・小山田信茂《おやまだのぶしげ》の軍勢を本体から切り離し別働隊として送り出していた。信茂は信玄の抜擢《ばってき》に応《こた》えるべく、甲斐国大月《おおつき》から八王子へ向かい、小仏峠《こぼとけ》から後北条領内に侵入する。

氏照は、武田軍が奥多摩方面から侵入するものと見て防備を固めていたため完全に裏をかかれ、敵の急襲に遭うことになる。若い氏照より、老練な信玄のほうが上手《うわて》だった。

信茂は、廿里《とどり》山に布陣していた氏照の守備隊を劣勢ながら奇襲によって打ち破り、信玄の滝山城包囲戦を支援することに成功した。

そもそも滝山城には、全軍を籠城させるほどの収容力がなく、氏照は当初手勢を城外に配備して武田軍の攻勢を防ぐという作戦を立てていた。

ところが、この信茂の別働隊が氏照の手勢三百騎、兵二千を蹴散《けち》らして滝山城下にまで攻め込んできたため、氏照は窮地に追い込まれたのである。

一時は城の三の丸まで攻め込まれ、落城の危機に瀕《ひん》しているが、城内の兵は驚異的な粘りを見せた。それは、氏照がこのとき自ら先頭に立ち、敵将と直接戦ったからだと伝えられる。

武田軍は二日間にわたって激しい攻撃を加えたすえ、この城は容易に攻略できないとみて、小田原の本城攻撃のため滝山城をあとにした。かくして氏照は、かろうじて命を長らえたのである。

滝山城時代の氏照は「大石源三氏照」の名を用いることもあった。古くからこの地を治めてきた大石氏にゆかりの家臣・領民たちに配慮してのことだが、籠城戦における城兵の結束ぶりを見る限り、この頃には、氏照の支配が浸透しつつあったものと思われる。

最前線で戦う氏照の姿に兵は奮い立ち、主従心を一つにして危機を乗り切ったわけだが、このように家臣の前で体を張って見せることが、氏照の人心掌握術だったと言えるだろう。

武田信玄の軍勢は永禄十二年十月一日小田原城を囲んだものの、これを落とすのは困難と見て数日で兵を引き甲斐へ撤退を始めた。

氏照は、これをチャンスと考えた。弟の氏邦と約二万の兵とともに、相模国の三増《みませ》峠（現在の神奈川県愛甲《あいこう》郡と相模原《さがみはら》市緑区の境界）で武田軍の帰りを待ち構えたのだ。小田原本城から出陣する北条氏政の軍勢と連携し、武田軍をここで挟撃してしまおうという作戦だった。

ところが氏照は、氏政の軍勢が到着する前に、武田軍と戦端を開いてしまった。それは、氏政率いる後北条本隊の動きが遅すぎて、このままでは武田軍をみすみす逃してしまうため、仕方の無い決断だった。

戦況は当初、山岳戦に慣れた後北条側に有利に進んだが、信玄はまたしても別働隊を繰り出して後北条軍に奇襲をかけた。このため戦況は武田有利に傾き、氏照は大敗を喫してしまうのである。氏政の軍勢はこの敗北の報を受け、小田原へと引き返している。

補佐役に徹して

天正七年（一五七九）頃から後北条氏は徳川家康との関係を深め、同時に織田信長に接近を開始する。翌天正八年三月には、氏照は安土城にいる信長の元へ使者を送っている。

中国地方攻略に注力していた信長にとって、後北条が味方に加わって上杉・武田を防ぐことになれば、これほど都合の良いことはなかった。

一方の後北条にとっては、全国制覇に近づきつつある信長に対し、自分たちの関東支配を認めさせるチャンスであった。

兄である氏政や後の若き当主氏直は、こと外交に関しては氏照に負うところが大きかったようである。

武蔵忍城の成田氏や、上野廏橋城の北条《きたじょう》氏など後北条配下となった大名を始め、常陸の佐竹氏や会津の蘆名《あしな》氏、伊達氏などとの取次や交渉には必ず氏照の名が見られるようになった。いまでいえば氏照は、後北条政権の外務大臣といえた。

天正十四年、北条氏政と会見した徳川家康は、その場に同席した氏照の人柄を油断なく値踏みしている。そしてその後、

「陸奥守《むつのかみ》氏照も、氏政なくば氏直を軽視して、その国政をほしいままにせんか」

と家臣に語ったという。

要するに、兄の氏政や当主である甥の氏直よりも氏照のほうが、戦においても外交においても数段上と見て、いずれは氏照が後北条氏を動かす時が来るのではないかと予測したのである。

しかしながら氏照は、最後まで一族のリーダーたる当主の氏直をもり立てる補佐役として動き、兄氏政の片腕として版図の拡大に尽力し続けたのである。

大事なところで判断ミス

小田原征伐を実行に移した豊臣秀吉も、おそらく氏照を最も手強《てごわ》い敵として考えていたものと思われる。

当時氏照は、八王子城（現・東京都八王子市）に本拠地を移していた。これは、武田信玄との戦いで滝山城が防御に不向きな城であることが判明したため、より強力かつ巨大な山城《やまじろ》を本拠地とすべく築城を開始し、天正十五年頃に完成をみたものであった。

氏照は、この八王子城を含む六つの城の城主を兼ねており、約二百万石におよぶ後北条の領国のうち、北関東を中心にその三分の一を勢力下に置き、四千五百の家臣団を抱えていたと推定される。秀吉が氏照を恐れたのも道理であった。

氏照は豊臣軍の来攻に対して、徹底抗戦を主張する主戦派であった。

一説には、氏照はこの直前に持ち前の外交手腕を発揮し、伊達政宗との同盟を秘密裏に成し遂げていたとも言われている。

もし伊達氏が後詰めとして東北から小田原救援に駆けつけたとき、一気に城から打って出て豊臣軍との決戦に持ち込むつもりでいたのではなかろうか。

また、徳川家康は、当主・北条氏直の岳父であった。ゆえに家康の裏切りにも期待をかけていた可能性が高い。

氏照は、一族の中では常に戦略を立案するなど参謀的な存在であり、外交交渉を通じたこの手の策謀には自信を持っていた。しかし結局、伊達政宗は後北条氏のために動くことはなく、氏照は一族にとって最も大切な局面で判断ミスを犯してしまったのである。

一方の秀吉は、小田原本城を包囲した上で、次々と後北条氏の支城を攻略していった。中でも氏照の本拠地八王子城を徹底的に叩くよう命じる。

八王子城の攻略を担当したのは前田利家であった。利家は秀吉の意を受けて天正十八年(一五九〇)六月二十三日、上杉景勝と共に五万を超える大軍で八王子城に力攻めをおこなった。

このとき城主の氏照は、本城の小田原城に籠城中で不在であった。主力軍もこれに従っており、八王子城には老兵しか残っていなかった。それでも城代の横地監物の指揮の下、千人の戦死者を出しながらも前田・上杉の軍勢を十分に苦しめ、氏照の期待に応えている。が、結局一日で陥落し、主たる武将の首は、小田原城から見える舟の上に並べられ、後北条氏の戦意をくじくための手段とされてしまった。

小田原が開城に追い込まれたあと、氏照は兄の氏政とともに切腹を申しつけられた。他の兄弟たちはすべて助命されているから、秀吉は氏照を豊臣政権に抵抗し、この戦争を引き起こした後北条主戦派の中心人物と見ていたのだろう。

切腹を前に氏照は行水をして身を清め、

「天地《あまつち》の清きなかより生まれきて元《もと》の住処《すみか》に帰《かえ》るべら也」

という辞世を残して静かに果てた。その潔い態度は周囲の人々を感嘆させたという。

また、氏照切腹の直後、彼が可愛がっていた少年が豊臣方に首を渡すまいとして、氏照の首を奪って逃げようとしたという。少年はすぐに取り押さえられたが、武辺者でありながら、このように少年に慕われていた氏照の人柄がよく偲《しの》ばれるエピソードである。

伊達政宗

臣従を拒み続けた

伊達政宗は、遅れてきた戦国大名である。

政宗が出羽国米沢城で生まれた永禄十年（一五六七）には、すでに尾張の織田信長は隣国美濃を制圧し天下人《てんかびと》への足がかりを摑《つか》んでいた。

十八歳で家督を相続した天正十二年（一五八四）には、信長にかわって秀吉が「小牧・長久手の戦い」を乗り切り、翌年には関白となって天下人への階段をのぼり始めている。

それでも政宗は遅ればせながら東北地方で「国盗り」に奔走した。

天正十三年、二本松《にほんまつ》城主の畠山義継《はたけやまよしつぐ》と争って父を殺害されると、翌年にはその畠山氏を滅亡させて二本松領（現・福島県二本松市）を奪取する。続いて同十六年には、領内に侵入した常陸の佐竹義重と、その子蘆名盛重《もりしげ》（会津黒川《くろかわ》城主）連合軍と戦って見事これを撃退している。

そして翌天正十七年、「摺上原《すりあげがはら》の戦い」において会津の蘆名氏を滅亡に追い込み、現在の浜通りを除く福島県、宮城県全域、岩手県南部に及ぶ広大な領土を手に入れたのである。だが、日の出の勢いの政宗が得意の絶頂にあったこの時期に、豊臣秀吉による小田原征伐が起こった。

政宗は、中央政界の動向に無頓着《むとんちやく》だったわけではない。

天正十五年には、初めて秀吉に書状を送り、馬を贈って好《よし》みを通じようとしている。以後、秀吉とは幾度か書状のやりとりがかわされている。

摺上原の戦いを終え、天正十七年、蘆名氏の黒川城に本拠地を移した政宗は、前田利家らを通じ、蘆名氏を滅ぼしたことについて秀吉に弁明を行っている。蘆名氏はこの頃すでに秀吉に属していたため、政宗は秀吉に弓を引いた形になったのである。

これに対し秀吉は、政宗の上洛を強く求めてきた。小田原征伐を前に、東北の一大勢力となった政宗をぜひとも自陣に引き入れておく必要があったのだろう。

しかし政宗にしてみれば、ここで簡単に秀吉の命令に従うわけにはいかなかった。上洛はすなわち秀吉への服属であり、勝ち取った会津の地やその他の領有地が、秀吉によって無効とされる可能性もあった。

ゆえに政宗は、利家や秀吉の側近である浅野長政らにはたらきかけて弁明に努めたものの、上洛の求めには決して応じようとしなかった。

秀吉の目が小田原に向いている間に、会津支配を固めてしまおうと考えていたのかもしれない。

最上義光《もがみよしあき》の陰謀

翌天正十八年（一五九〇）、後北条氏からの使いが政宗の元を訪れ、対秀吉戦における連携を求めてきた。

後北条氏はすでに秀吉の来攻に備え臨戦態勢に入っている。秀吉の軍勢を関東各地の城で迎え撃ち、政宗と挟撃すれば勝てない戦ではないと踏んでいたのである。

一方、前田利家からも自身の北関東への出陣が近いことを知らせる書状が届き、政宗にも上野に出陣して軍勢に加わって秀吉に許しを請う姿勢を示してはどうかと勧めている。

政宗は迷った。このまま秀吉の命令に従い小田原に参陣すれば、その配下に組み込まれて戦国大名としての独立性は失われ、天下人の野望も潰《つい》えてしまう。

とはいえ、落ち目の後北条氏と組んだところで、秀吉が繰り出す大軍を撃退できるという保証はない。いや、困難であろう。

秀吉の軍門に降るのか、後北条と組んで一発逆転の勝負に出るのか。あるいは、会津に籠《こ》もるべきか。

家老の中には、

「何の心配がありましょう。各地に人数を出して守れば、太閤《たいこう》をやすやすと近寄らせはしないでしょう」

などと抵抗を主張する者もあった。しかしながら結局政宗は、

「秀吉という男はただ者ではない。はっきりと降参の意思を見せるのが得策である」

と強硬論を抑え、小田原への参陣を決めたのだった。この決断には、政宗が右腕と頼む側近・片倉景綱《かげつな》の主張によるところが大きかったという。

もちろん政宗も、二十二万の軍勢を動員して関東に襲来した秀吉の実力を知り、現実路線に舵《かじ》を切ったのであろう。

政宗は、出立を四月六日と定めた。その前日の五日、母・保春院《ほしゅんいん》に招かれて食事を共にした。ところが、食事を始めてしばらくすると、政宗はひどい腹痛に襲われた。なんと、保春院が政宗の弟・小次郎を新たな当主に擁立すべく毒を盛ったのである。

幸い治療が早かったため事なきを得たが、事件の背後には、保春院の兄で出羽山形城主・最上義光の陰謀があったといわれる。

義光は、妹の嫁ぎ先である伊達氏をかねてより警戒しており、政宗や父の輝宗《てるむね》と幾度も争ってきた。秀吉に睨《にら》まれ窮地にある政宗をこの機会に葬り、凡庸な小次郎を当主にし、伊達氏を支配下に置こうと考え、小次郎を溺愛《できあい》する保春院を焚《た》きつけたものであろう。

この御家騒動の勃発《ぼっぱつ》で、政宗は辛《つら》い決断をしなくてはならなくなった。自ら弟を呼び出して斬り殺し、母を義光の元へ追ったのである。

いずれにせよ、この事件のために、ただでさえ時期を逸しつつあった小田原参陣がさらに遅れてしまったのである。

死に装束で秀吉に謁見

四月十五日、政宗は黒川城を発して南会津の大内《おおうち》に至ったが、すでに後北条領内の各城では戦闘が開始されており、これを突破して小田原に向かうのは困難と判断。なんと、黒川城へ引き返してしまったのである。

四月二十二日に小田原の秀吉を訪ねた前田利家は、秀吉から「政宗の来着はどうなっておる」と督促されたため、利家は「下野国まで出向いてくれれば、親類衆を迎えに出すので、早く小田原に参陣するように」という内容の書状を政宗に送り、重ねて政宗の参陣を要求している。

そこで五月九日、政宗は改めて黒川城を出立し、米沢から越後、信濃へと関東を大きく迂回《うかい》する経路をたどり、六月五日、ようやく小田原に到着したのである。

しかし、秀吉との謁見は許されず、底倉《そこくら》（現・神奈川県足柄下《あしがらしも》郡箱根町）で足止めされ、前田利家らによる問責を受けることになった。

政宗は、蘆名氏討滅や小田原への遅参について一通り弁明すると、最後に「秀吉公に同行して小田原にいる天下の茶匠・千利休《せんのりきゅう》殿に茶の湯の手ほどきを受けたい」と述べたのである。

問責使からこの話を聞いた秀吉は、

「政宗は田舎住まいで、あたかも夷狄《いてき》のごとく無道の者と聞いていたが、まったく違っている。万事に気がつく『鄙《ひな》の都人《みやこびと》』とでも言うべき人物だ」

とたいそう褒めたとされている。

この物怖《ものお》じしない態度が秀吉の怒りを和らげたのか、会津・岩瀬《いわせ》・安積《あさか》は没収されたものの、それ以外の領地は安堵《あんど》されることとなった。

六月九日、秀吉への謁見を許された政宗は、死に装束に身を包み懐剣をしのばせて秀吉の前に出た。秀吉はこのパフォーマンスを内心喜びながら、二十四歳の政宗という若者を側に呼び寄せ、持っていた杖《つえ》で政宗の首をつつきながら、

「今少し遅く来たなら、ここが危なかった」

と己も見事な演出を返したのである。

政宗は翌日も秀吉に招かれ、共に茶の湯を楽しみ、東北の処置について細かな指示を受けている。

死に装束を用意し、一世一代の演出を見せた後、小田原を後にしたのは六月十四日のことであった。

政宗の自己演出

七月五日、ついに後北条氏を降伏させた秀吉は、そのまま奥州仕置の途につき、二十六日には宇都宮城に入った。

政宗は、二十八日に宇都宮まで出向いて秀吉に謁見し、改めて臣従の態度を明らかにしている。さらに、没収された会津を領することとなった蒲生氏郷らを先導し、八月七日に黒川城を引き渡したのである。

一説によると、政宗は秀吉との謁見を前に、蘆名氏の旧領と本領である米沢の絵図目録を渡し、米沢をも秀吉に差し出す姿勢を見せたという。

これに対し秀吉は、後日米沢の絵図目録だけを政宗に返し、その徹底した恭順の態度を賞賛して本領・米沢の安堵を認めたと伝えられる。

実力者政宗の恭順姿勢を目にした奥州・出羽の諸大名は、続々と宇都宮城を訪れ、秀吉に臣従を誓った。このため奥州仕置は円滑に進み、秀吉の天下統一を早めたとされている。こうして辛くも本領を安堵された政宗だったが、その陰で懲りずに策謀をめぐらしたのである。

この年から翌年にかけて、かつて伊達氏に属していた陸奥国の葛西《かさい》・大崎両氏の旧臣や領民が、秀吉の支配に抵抗して大規模な一揆《いっき》を起こしたのだ。政宗はこの鎮圧のため兵を出している。ところが、共に鎮圧に当たった蒲生氏郷が「一揆を扇動したのは政宗である」と確信し、それを秀吉に告げたのである。

この結果、政宗は弁明のため上洛することとなった。が、小田原で秀吉の前に出たときと同様、またもや死に装束を身につけ、金箔《きんぱく》を張り付けた磔柱《はりつけばしら》を行列の先頭に立てて入京したのである。これは、

「自分ほどの者が磔にかかるのなら並の磔台では無念である」

という政宗の主張であった。

実際、政宗の一揆への関与は濃厚であったが、秀吉はこのときも敢《あ》えて政宗を責めることなく穏便に事を収めている。

死に装束といい黄金の磔柱といい、政宗の行動にはどこか演出過剰な部分が漂っていた。

小田原参陣の際、明日をも知れない身でありながら千利休に茶の湯の手ほどきを求めたことなども、いかにも泰然自若を装うわざとらしさに満ちている。

しかし秀吉は、死の淵《ふち》に臨んでなお自己演出に走る政宗を好ましく思っていた。奥州の実力者である伊達氏を滅ぼすとなれば、相当の労力と犠牲を強いられるという現実的な事情もあったが、政宗を滅ぼさずにそのまま許したのは、三十歳も歳の離れた若者の茶目っ気と気骨を愛したためではなかったか。

ともあれ、政宗はこの秀吉の心情に見事に付け入って、伊達家の存続に成功したのである。そういった意味では、若くても見事なリーダーであったといえよう。

不敵な政宗の態度

伊達政宗は奇妙な大名である。どういうわけだか天下人に警戒され、何度も抹殺されそうになる。別項で述べたように、秀吉にも二度殺されかかっている。

小田原征伐に遅参したとき。大崎・葛西一揆を扇動した疑いをかけられたときだ。が、さらにもう一回ある。三度目は関白秀次が謀反の罪で切腹を命ぜられた際のこと。政宗は共謀の嫌疑で誅殺《ちゆうさつ》されかかるが、家康の助力で助かっている。

政宗の底知れぬ言動が天下を狙っているように見え、秀吉を畏怖《いふ》させたからだというが、実際に天下を狙っていたという説もある。とくに大坂冬の陣の一年前に起きた大久保長安《ながやす》事件は、政宗もかなり深く関与していたとされる。この年、幕府の代官であり巨大な権力を握っていた大久保長安が没したが、その死後、家康は長安の息子たちをことごとく殺害した。生前の不正が露見したからだとするが、実は、外国の軍隊を率いて幕府を打倒し、皇帝に松平忠輝《まつだいらただてる》を奉じ、己は関白となって天下を牛耳ろうとした長安の計画が発覚したからだといわれ、屋敷からは異国王よりの書簡や転覆計画書が押収されたと伝えられる。

政宗は忠輝の岳父であり長安と親しかった。また、同じ年に政宗はヨーロッパへ支倉常長《はせくらつねなが》を遣わしているが、『日本切支丹《キリシタン》宗門史』は、

「使節派遣の真の目的は、討幕のためにスペイン王に同盟を求めることにあった」

と記しており、長安に荷担していた可能性がかなり高いのである。しかし政宗は処罰されることなく大坂冬の陣を迎え、徳川軍の一翼を担っているので、尻尾《しつぽ》はつかまれなかったようだ。政宗のほうも、来領した秀頼の密使・和久《わく》半左衛門を捕縛して公儀に差し出すなど、家康への忠義を示している。

大坂の陣での不思議な行動

大坂冬の陣で政宗は、一万八千の大軍を率いて大坂に着陣したが、これといった戦いもなく、何度か家康の陣に顔を出し、「こんなときは何があるかわかりませんので食事には十分気をつけてください」とアドバイスをした。そこで家康は食事の試食役をつくり、これがのちの膳奉行になったという。

夏の陣においては、政宗は婿の忠輝に従って大和口の先鋒《せんぽう》をつとめ、五月六日、道明寺《どうみょうじ》付近で後藤又兵衛隊と激戦を展開し、これを討ち取った。だが、真田幸村《ゆきむら》軍と出会うと、なぜか鉾《ほこ》を収め、少し離れたところに布陣して真田軍と対峙を始めるのである。大和口の大将・水野勝成《かつなり》は進軍を促したが、兵の疲れを理由に動こうとしなかった。やがて真田隊は退陣して城へ戻っていったが、政宗のこの動きには理解しがたいものがあった。

戦後、政宗が味方討ちをしたことが発覚する。神保長三郎《じんぼちょうざぶろう》の隊に鉄砲を向け、これを壊滅させたのである。その理由を政宗は、

「神保隊が崩れて逃げて来たゆえ、味方の士気に影響せぬよう射殺した」

と、悪びれもせず答えているが、『難波戦記《なにわせんき》』によれば、神保隊が敵兵を数多く討ち取るのを見た政宗が、嫉妬《しっと》したのだという。

しかし、もう少し広い視野から政宗の動向を俯瞰《ふかん》すれば、ちがった解釈も可能になってくる。味方を討ち、命令に反して真田と戦うのを避けた。それに、忠輝が戦闘に参加しようとするのを無理に押し止《とど》めたという事実を加えれば、おのずから大坂方に通じていたという結論が引き出されてこよう。政宗が本格的に背信行為に出なかったのは、ほかの場所で大坂方が敗れ、真田軍が撤退してしまったからだろう。

もちろんこれは筆者の推測であり、真偽のほどはわからない。だが、ひとつ面白い逸話が『名将言行録』に載るので紹介したい。

大坂の陣の直後、政宗が家康に向かって、

「この度の戦、味方のなかに逆意の者がおらず、まことに結構なことでありました」

と言うと、家康は、

「敵が滅んでしまっては、逆意の者は知れぬものだ。全くいなかったとは思えない」

と答えたという。政宗に対する痛烈な皮肉であろうか。が、政宗は平然と、

「いかにもおっしゃる通りです。私の家臣のなかにも、逆心を抱いた人間がいたかもしれ

ませんが、勝ち戦ゆえ、敵に口がないので、永遠にわかりますまい」

と返したという。激動の時代を生き抜いてきた剛の者らしい、人を食った会話である。

だが、その後は牙《きば》を抜かれたようにおとなしくなり、二代将軍秀忠《ひでただ》、三代将軍家光《いえみつ》の信頼を得て、徳川家をよく補佐したのだった。

第四章　『のぼうの城』に見るリーダーの姿
作者・和田竜氏を迎えて

物語としてエピソード満載な忍城攻め

河合　お会いするのを楽しみにしていました。『のぼうの城』は小説も本当に面白かったですし、映画も堪能《たんのう》させていただきました。

和田　ありがとうございます。

河合　関東にはおもしろい戦国の合戦があるのですが、取り上げられる機会が少ないんです。和田先生はなぜ忍城を題材に選んだのですか?

和田　会社勤めをしていたころ同僚が行田市から通っていて、忍城の話は彼に教えてもらって知りました。エピソードが盛りだくさんで、史実に従うだけである程度のお話はできてしまうというのは、なかなか珍しいことだと思いました。合戦があり水攻めがあり、寡をもって衆を破るような展開もある。成田氏長の裏切りなど、いわゆる物語としてのファクターが満載なんです。

かといって城方が全滅してみんな死んでしまうような陰惨さはありません。寡をもって衆を討つというのは、おおむね万人が好むところであると思いますし、そこからは人間力のようなものが見えてくる。物語が本来持つべき骨太さをこの史実は持っていました。

河合　弱い側が強い側に勝つというのは、爽快《そうかい》ですよね。加えて、有名人が多く出てくるにもかかわらず〝知られざる戦い〟です。しかも水攻めが関東で行われたことは、本当に歴史が好きな人ぐらいしか知りません。

　こんなに面白いのに誰も今までこの題材をきっちりと取り上げなかった。和田先生がそんな合戦に焦点を当てて一つの完結した作品にしたところが、素晴らしいと思います。

和田　敵方がビッグネームだと知って惹《ひ》かれました。石田三成、大谷吉継、長束正家が埼玉に来たことがあるというのも新鮮で驚きでしたね。材料がずらりとそろっていたので、物語をつくる上での苦労はなかったです。

　あとは当時の気分からずれないように心がけていただけですね。現代のわれわれと違って人を殺したりすることに抵抗がない時代の人たちなので、その言動もわれわれの常識とは違うはず。現代的な「命を大切に」という視点はいいことですが、それだと「百姓たちがかわいそうだ」という視点に収まってしまいがちなんです。

　そうではなくて、この時代の人たちは百姓たちの命をさほど重要にも考えていないし、自分の命も後生《ごしょう》大事に持っておくものじゃないとも考えている。ですから、その気分みた

和田竜氏（『のぼうの城』脚本）

いなものを、どの人物に対しても出そう、そのことを思いながらセリフを書きました。

　それを最も表現できたのが石田三成です。当時の人たちは、強敵を打ち破ればそれが手柄になったり、名が揚がったりすることになりますから、よき敵に出会うと喜ぶ。命懸けの戦なのに敵が優れていることに喜ぶ。三成自身が実際にそう言ったわけではないのですが、彼がそういう人物であったとしてもおかしくない。現代の発想にはない感情ですから、その辺の隔世の観みたいなものを感じとってもらえたらなと思います。

生き生きしたキャラクター

河合　秀吉が三成になんとか手柄を立てさせてあげたいという師弟愛も描かれていました

ね。三成に手柄を立てさせるために大谷吉継にアシストさせる、そうした人間関係がおもしろく描かれているなと思いました。

それに主人公の成田長親のキャラクターが独特ですよね。あのつかみどころのない性格はどうやって考えたのですか。誰かをイメージされたのでしょうか？

和田　キャラクターは『成田記』や『関八州古戦録』あたりの記述を抽出しながらつくっていきました。『成田記』を読んでいて「あまり戦わないな、この人」という印象は持ちました。

河合　実際、長親の逸話はほとんど記録に残っていませんよね。

和田　そうなんです。むしろ正木丹波が活躍した記録の方が目立ちます。後の浅野長政、当時長吉が長野口御門を打ち破ったときに、佐間口から駆けつけるなど、大活躍をしています。一方で、成田長親は、本丸や二の丸にいて全然……。

河合　活躍しないですよね。

和田　はい。総大将とはそういう存在なのかもしれないのですが。ただ、軍議のときに調整役のような発言をしたりしているので、そこはヒントになりました。また、物語上、部下の武将たちの活躍を、それぞれに等分して見せたいという思いはありました。正木丹波は、あくまで二番手の存在ですから、トップダウン的なリーダー像だと正木丹波たちがかすんでしまうと考えて成田長親の人物像をあんな風にしました。

河合　長親は忠臣蔵の大石内蔵助《くらのすけ》のような、昼行灯《ひるあんどん》的な、大きな器というイメージですね。ところで、長親が湖の上で田楽《でんがく》踊りを踊るシーン、あの場面はどうやって思いついたのですか？

和田　あれは『関八州古戦録』か『成田系図』だったか……水が実際どんどん堤の内側に溜《た》まっていくと、忍城から舟が出てきて、誰かが兜《かぶと》を脱ぎ、取り巻く敵たちの前で寝っ転んでみせたというような記述があったんです。それによって「(忍城は) 全然平気だ」と言ってるわけで、そこから想起してつくりました。

謎の多い忍城水攻め

河合　映画『のぼうの城』の水攻めのシーンは、壮大ですごいですね。

和田　史実では実は徐々に水が溜まっていく感じのようでした。

河合　そうですね。ただ、堤は極めて短期間に造られた。十日もかかってないのではないでしょうか。

和田　戦国時代は城を造るにしても速いですよね。大勢の人を動かすことに長《た》けていて、いかにも戦争に慣れきった時代なんだなと感じます。

河合　そうですね。農民にしても、そういう事業に駆り立てられることに慣れていたのでしょう。ところで私は、忍城の水攻めは次善策だったと思っています。最初三成は、力攻めで簡単に城を落とせると考えていた。だから着陣後すぐに城へ猛攻を加えています。ところが、ことごとくはねかえされてしまった。そこで仕方なく水攻めをやったように見受けられます。

ただ、いくら忍城が堅城だといっても、相手は大軍。なぜ城側が完ぺきに勝てたのか、そこは大きな謎ですね。やはり三成の攻め方がいまいちだったのでしょうか……。

和田　どうでしょうか。史料の中からはあまり戦術が見えてこないんです。塀の内外で矢玉をやり取りしていたけれど、城側から猛射を加えたので近づきがたかったとか、田んぼがぬかるんで進むのに難儀したとか、それぐらいしか書かれていなくて、読んでもどういう戦闘が行われたのかはわかりません。ですから、自分で想像するほかなかったんです。

城を守る場合、危なくなったら自分から突出していったり、敵が引いたところでさっと戻ってきたり、あるいは引き入れて敵を殲滅《せんめつ》するというようなこともあったりします。そういった一般的な戦術をベースに考えていきました。ただ、緒戦に勝ったのは、何かしら巧緻な戦術があったからだと思います。

河合　合戦で五百人対二万という差がある話もあまり聞かないですね。ただ、千葉県に臼井城という城があります。ここに、上杉謙信が一万五千の大軍で襲来する。このとき城側はわずか二千人。ところが、城内に一人の軍師がいて、彼が心理作戦で巧みに味方を励まし、敵を動揺させた結果、謙信は退却を余儀なくされている。私は是非この合戦を和田先生に小説にしてもらいたいと思っているんですが（笑）。

団結力～政治がよくないと農民に支持されない

和田　忍城は最終的に、小田原の本城が負けてしまったから開城になるのですが、戦闘としては城方が勝ち続けているんです。城主成田氏長の妻で、鈴木保奈美さん演じる珠という、名将太田三楽斎の娘が、指揮をしたというような話もありますよね。

河合　そうですね。古記録を見ると、忍城の実権を握っていたのは成親ではなく、どうやら氏長の妻、小説では珠姫さんですね。彼女が握っていたようなのです。おそらく和田先生は、長親を全面的に出すために、珠姫さんを少し引く感じで描いたのだと思います。ただ、小説でもそうとう強い女には描いていますよね。

和田　そうですね。なにせ太田三楽斎の娘なので。

河合　僕は、太田三楽斎も大好きで、関東一の名将だと思うんです。

和田　ええ。日本史上、初の軍用犬を使った武将ですね。

河合　松山城と岩付城の間で、北条方が攻めてくるとすぐに軍用犬を放って連絡させ、援軍を出したので、なかなか松山城が落ちなかったといいます。ところで、珠姫の娘、甲斐姫もすごい烈女です。古記録では自ら武装して豊臣軍と激戦を演じているんです。映画『のぼうの城』では、強いながらも長親に恋するおてんばなお姫様という印象が強いですよね。

著者

和田　甲斐姫がのぼう様に惚れ込んでいるというのは完全な創作です（笑）。甲斐姫には武勇があって才色兼備という、史料の上でも完全なヒロインです。ヒロインがヒーローにすることといえば、恋することしかないかなと（笑）。こういう鋭い女性には、だいたいぼんやりした男がついているでしょう？

河合　そうですね。現代もそうですね。なんでこの男にこの女性がって（笑）。さて、忍城の話に戻りまして、城主である成田氏長が後北条氏を裏切っていることも驚きですよね。

和田　実は、この成田氏長がどの段階で裏切ったのかが、ストーリーをつくる上で大きなポイントでした。史料を読む前から「前もって裏切っているとありがたいな」と思っていました。そうであれば氏長は、小田原城に出かける前に「秀吉が攻めてきても絶対に戦うな」と言うはずですし、残された成田長親らに葛藤が生まれる。そのほうが「物語を書く上で都合がいいな」と思いながら取材していたんです。

実際、史料を見ると、成田氏長は小田原攻めが始まる前に豊臣秀吉に裏切る約束をしていたとありました。それを読んだときは「ああ、神様がこのネタをくれた」という気がしました。もちろん、河合先生もご著書の『戦国合戦・15のウラ物語』でお書きになられているとおり、小田原城に入ってから山中長俊に説得されて裏切ったという説もありますが。

河合 そうですね。小田原城内には裏切りを考えていた武将が何人もいました。武士にとっては「家」を残すことが優先順位の第一番目ですから、そのために裏切ることは仕方ない。ですから、氏長の行動は非難されるべきことではないのです。でも、城に残された家臣はどう思ったか……、難しいところですね。

ただ、家の存続ということを考えると、忍城の家臣たちがなぜあれだけの軍勢を前に抵抗したのか本当に不思議です。江戸城のように戦うことなく豊臣軍に開城してしまっているケースもありますから、あの団結力はどこから生まれたんだろう、と。

和田 『のぼうの城』の物語では、成田長親という人物に家臣も領民たちも惚れ込んでいるからとしていますが、実際の成田氏の政治もその当時としてはある程度良かったから領民も共に城に籠《こ》もって戦ったのだと思います。

河合 確かに、最近では農民たちから支持されない大名は、生き残れなかったと言われていて、教科書にもそのことが書かれるようになっています。

和田 今、学校ではそのように教えられているんですか? 僕らが教わったのと、だいぶトーンが違いますね。

河合 そうなんです。例えば武田信玄も自分が制定した家法のなかで「何か私に落ち度があったら遠慮なく言ってください」と記しています。「部下や領民の支持がなければ領国は維持できない」という意識はあったようです。領民も平和を維持してくれるから、その大名の支配を受け入れたといった、という見方に変わってきていますね。

和田　その領民とは地侍《じざむらい》といったのちの庄屋《しょうや》層のことですか？　それとも、いわゆる農民もひっくるめての考え方なのですか？

河合　なんとか自活できそうな農民たちも含んでいます。こうした層をまとめているのが地侍・庄屋層ですから、まず彼らに人徳がなければまとまらない。そこからさらに戦国大名の人徳という感じでしょうか。あと、最近分かってきたこととしては、村々に領民のための城があったそうです。敵が襲撃してきたら、すぐにそこへ避難できるようになっていたんです。

和田　村の周辺に城があったのですか？

河合　ええ、大名が領民に協力してつくってあげていたようです。ですから、いつの時代も政治が良くないと民はついてこないということですね。

和田　とはいえ、やはり当時は、現代のわれわれから見たら「なんじゃこれは」というような政治だったと思うんです。多大な年貢や労役も課せられていますし。しかし、われわれが未来の政治を想像できないのと同じように、その当時の人にとってはそれが当然だったわけです。ですから、その当時を生きていた人の気分を物語に盛り込みたいとも思っていました。

百姓たちにとっては、「成田家がつぶれたらわれわれも死んでしまう」という感覚だったと思います。その成田家の象徴が成田長親です。今のわれわれから見れば、「武士たちが勝手にやった戦争に付き合わされるかわいそうな百姓たち」という視点になりがちですが、そうではなくて百姓が成田長親のために能動的にその籠城《ろうじょう》戦に加わっていく姿を見せることは、この物語を書く上でのポイントの一つだと思っていました。

長親を助けた〝部下〟たち

河合　ではそろそろ忍城の武将たちについてのお考えを伺えますか？　かなり濃いキャラクターたちが長親を支えました。

和田　史実では丹波は戦闘が終わった後、武士を辞めてしまいます。そして敵と味方の菩《ぼ》提《だい》を弔うというようなことを言い出す。一種理想的な武将だったのではないかと思います。

そこまでできた人間ですから、引くところは引いて、長親という人物を前に出すというようなところがあってもおかしくない。

また、丹波は仕事もできて、部下たちにやる気を出させることも、部下を慈しむこともできる人間として描きました。実際の丹波もそういう感じの人物だったんじゃないのかなと思いますね。

河合　僕は酒巻靭負が好きです。物語では、少し非力ではありますが、甲斐姫に寄せる一途な思いもいいと思いました。

和田　どの会社にも若くて生意気なやつが一人か二人は絶対いると思うんです。とくにこの時代はそう。そういう人たちにやる気を出させる方法は、とにかく好きなように話をさせて、聞いてあげるということじゃないかと。靭負はべらべらとうるさいですが、長親はその話を聞く。そのことが、靭負という人間の忠誠心に変わっていくんです。

河合　ひたすら土方歳三《ひじかたとしぞう》や近藤勇《こんどういさみ》についていくという、新撰組《しんせんぐみ》の沖田総司《そうじ》のイメージに重なりました。

和田　ああ、なるほど、そうですね。しかし靭負の〝その後〟はわからない。長親は確か尾張に行ったようです。柴崎和泉は、ご子孫が行田に住んでおられるのですが、その後はどうやら庄屋になったらしいという話を聞きました。小田原戦を機に武士を辞めてしまったのかもしれないです。

河合　帰農したんですね。農民になって、その土地の尊敬される人として庄屋とか名主になっていくんですね。

和田　和泉は僕が最も好きなキャラクターなのですが、史実では柴崎和泉守は、長野口で戦った記述があるぐらいで、実際はどういう人物だったのか、ほとんどわかってないんです。どういう人物にしようか考えたときに、戦国時代の平均的な侍大将のキャラクターにしようと思いました。今作以降も、僕の書いている小説や脚本には、必ずこの種の人物が出てきます。扱いにくく、全然人の言うことを聞かないが、強い。

河合　なるほど。

和田　どの会社にも和泉と同じように「とにかく褒めてやる」ということでしか伸ばせない部下が一人や二人はいると思います。長親にはそれができたのです。

今作は、僕が会社員のときに書いたこともあって、使われている人間にとって「どういうトップだったら嬉しいか」ということが、長親に色合い濃く反映されていると思います。今も「自分に裁量が与えられていればもっとできるのに」と思っている人は少なくないのではないでしょうか。ですから、成田長親みたいな人物に対して「ああ、こういうリーダー像っていいよね」と思える。今はそういう時代なのかなと思いますね。

河合 会社員時代の不満が筆になったのですか？（笑）

和田 そういうことでは……（笑）、学校でそういう上下関係はないのですか？

河合 学校では、担任が生徒の上司のようなものです。

和田 そうなのですか？

河合 厳しい先生もいれば、緩い先生もいる。そうするとクラスによって同じ取り組みが違ってしまうこともあるんです。長親みたいな先生のほうが、たぶん生徒はしっかりするのではないでしょうか。「なんとかしなくてはいけない」と思いますから。三成のほうがちょっと怖いかな……。丹波だったらいいですね。正義感が強くてブレない感じで。和泉が担任だったら嫌ですね（笑）。いつ怒られるかわからずにびくびくします。

和田 昔の〝体育の先生〟みたいな感じですね。ちなみに、河合先生は誰にいちばん近いですか？

河合 僕は抜けているところがあるので、生徒が全部しっかりやってくれています（笑）。ですから、成田長親タイプでしょうか。僕のクラスにはしっかりした生徒が多いです。

三成を支えた秀吉と吉継

河合　長親と三成の関係についてはどうお考えですか？

和田　二人が実際会って話したということは史実にはないですね。クライマックスに忍城を開いて、三成側から条件が出て、それを忍城方が突っぱねるというようなやりとりも、実際は直接交渉ではなくて、使者を通じて行われていました。でも、それですと映画として面白くないので、長親と三成が会って直接交渉する感じにしました。結局、長親と三成は心が通じ合う部分があって、根底では価値観が同じなんです。

河合　秀吉は三成に、力攻めでもいいからとにかく忍城を落とせと指令を出していたので、三成もなんとかしなくてはいけないと思い、拙速な攻めになったのかもしれないと思います。それは秀吉がかなり焦っていたからですね。

和田　それが忍城方には功を奏したのかなというふうには思いますね。あと三成は若くて有能ですから、人の言うことを聞かないんです。唯一、大谷吉継の助言にだけは耳を傾けましたが。僕はそのことを生意気だとか、感情的だとか頭でっかちだとかは考えていません。若い人のそういう万能感は見ていて美しいですから、三成からもそういった清らかさを感じるんです。それで三成は全部自分でやろうと思って、人の言うことを聞かないで攻めてしまった挙げ句、負けてしまったんです。

河合　吉継といえば、けっこう損得勘定で動いているのが当たり前の時代に、関ヶ原の戦いで負けるとわかっていながら三成につきましたね。吉継は何らかの病気にかかっていて、仲間と茶会で茶の回し飲みをしていたとき、彼の顔の膿が茶碗の中に落ちてしまった。これに気づいた人々は、茶碗が回ってきても本当に茶を飲もうとしない。皆、飲んだふりです。ところが三成の前に茶碗が回ってきたとき、彼はうまそうにそれを全部飲み干したのです。吉継はそのことに感激して、三成との友情が生まれたといいます。敢《あ》えて負けるとわかっていながら関ヶ原では三成を諫《いさ》めつつ、言うことを聞かなかった段階で一緒に死ぬ決意をするというのは、なかなかの美談であり、だから人気があるんでしょうね。

和田　吉継の人気は、やはりその行動が基点になっているのだと思います。家康と三成の違いや、現在の情勢を示し、いずれ負けると忠告するのですが、三成が聞かないのです。それで「ここまで来たら一緒に死んでやる」と意志を固める。そのとき、吉継は病身をおして関ヶ原に臨んでいましたから、それはやはり感動的ですね。家臣たちも吉継によくなついていて、どんどん敵に突っ込んでいき、死を共にしようとする。

一方で長束正家は、関ヶ原でたいした活躍もしなかった。僕の脚本の中で気の毒な扱いになった理由のひとつです（笑）。悪い要素は結果的に長束に盛り込むことにしました（笑）。そうしないとストーリーとして成立しないので。本当は浅野長政がやったことも長束正家にやらせていたりもします。ちょっと気の毒な扱いをしてしまいました。

河合　なるほど。長束はいい味出していて、すごく悪いやつに見えました。

自信に満ちあふれる三成像

河合　しかし、三成もすごいですね。豊臣家のためとはいえ、十数万石の大名に過ぎないのにいろんな武将を結びつけて、家康に対抗させるわけですから。ちなみに三成がまだ四万石の大名だったとき自分の給料の半分ぐらいを出して島左近《さこん》を抱えますが、それも映画の最後のところにセリフとして出てきます。秀吉を親のごとく尊敬していて、自分も秀吉たろうとする意識がある。映画の中ではそれが出ていて、良かったなと思いますね。三成には自信があったのでしょうね。自信に満ちあふれていますね。今の若い人は、大人しい人が多いですよ。高校生もみんな静かです。

和田　そうですか。

河合　うちのクラスは「将来何になる?」と訊《き》いたら、半分以上が「公務員」と答えました。やはり不景気なのですね、高校生でも安定を求めている。

　ですから三成のような人はなかなか出なくなってくるでしょうね。指示待ちが多い。だからこそ、上の人もトップダウンにしたくなるのではないでしょうか。それでいて、上が怒ると下はすぐやめてしまうのでしょうが。今の生徒は褒めないとダメなんです。怒ったらすぐいじけてしまいますね。

和田　今の話を聞いて、そういう人たちに向けた物語を、また考えなきゃいけない感じがしました。そういうものだとは思いませんでした。僕らの仕事を今の十代の子が見たら、きょとんとする可能性もあるということなのですね。なんでこいつら、こんなにエネルギッシュなんだろうって。

河合　僕は、いろんなリーダーのタイプがあっていいと思うんです。今の時代には、のぼう様のようなタイプも、秀吉のようなタイプも、両方必要だと思います。

和田　そうですね。秀吉は人のやる気を引き出すのが非常に上手ですし、そういう心の持ち方は見習いたいと思いますね。

河合　でも、天下を取った後の秀吉は、いまいち好きじゃないですね。

和田　小田原戦の翌年あたりにガラッと変わりますよね。

河合　そうなんです。なんでもできると誇大妄想的になってきて、世界統一を始めようとしてしまいますから。

和田　今作での秀吉も、もう晩年に入っているかもしれない。ちょっと危ない時期かもしれないですよね。

河合　そうですね。処罰の仕方が、九州征伐までと違いました。小田原城を落とした後に後北条氏を滅ぼすなど、その辺がだいぶそれまでの仕方と変わってきていますよね。

部下が能動的に力を発揮するリーダーとは

和田　「のぼうの城」を書いたとき、僕は会社員でした。当時も今と同じように景気が悪くなってきている頃でした。トップの人間がぐいぐい引っぱらないと会社が儲からないという状態になってきていて、そういう経営者が目立つようになってきてもいました。

しかし、その一方で使われるほうは、鼻面を引き回されてへとへとになっている。その人たちの意向はトップダウンの中で無視されていくというような印象があったんです。そのやり方では有能な人間はやる気を失ってしまったり、実際に働ける場が奪われたり、能力を最大限に発揮させられない場合もありました。でも、景気が良いときは「何にもしないことが社長の仕事だ」と言われることがあったぐらいで、リーダーは成田長親みたいな人物で良かったんです。考えてみるとそういう人物の下のほうが、有能な部下は百パーセント能力を発揮することができたのではないか、と。

成田長親と石田三成を比較して、「トップの人間というのはどうあるべきか」を描くことが、「のぼうの城」のテーマの一つでした。当時の人たちにとって手柄を立てることはとても大事なことでしたから、人を出し抜いたり「一番槍だ」とやったりするわけです。そういう部下のやる気を出させることができたのは、長親のような人物だったんじゃないのかなと思います。

河合　やる気を出させるという意味では、天下を統一する前までの秀吉は上手《うま》かったですね。部下が戦って負けても、きびしい処罰をしないで、肩をポンと叩《たた》いてニコッと笑っているような、そんな上司だった。だから周りがついてきたんです。

和田　秀吉は「このぐらいは褒美をくれるだろうな」という期待を上回る褒美を家臣に与えなければいけないと言っていたらしいです。

河合　なるほど。また、秀吉は敵の大名の中に、自分の味方をつくることに長けていました。徳川家康の部下に本多忠勝という人がいて、何かあると必ず声をかけたり、褒美をあげてくれと言付けたりする。上杉景勝には、「百二十万石あげるから、そのうち三十万石は部下の直江兼続にあげてくれ」と手を回したりしていたようです。一方、三成は非常に計算高いというイメージがありましたが……、でもやっぱり正義の人ではありますね。

和田　成田長親という人物を描くとき、やわらかな面だけでは主人公たり得ないと思いました。唯一、主人公らしいこととして、「大方針を決める」ということは、彼にさせようと思ってやったことです。戦うことも、開城することも成田長親が決める。それを具体的にどうやるかは、丹波たちが処理する。トップのあり方は、その程度でいいのではないかと思うんです。

河合　そう思います。一方で、長親は部下をとにかく受け入れますよね。決して拒否したり、否定したりはしない。どんな人も受け入れて、自由に泳がせている。それゆえにそれぞれの特技や個性が最大限に発揮されて、こういう結果が生まれた。上司は「受け入れて泳がせるような度量」を持てるといいのではないでしょうか。部下もやりやすいのではないかと思います。

和田先生がおっしゃっていたように、当時の価値観は今とは大きく違うんです。特に人の命の重さは全然違っている。江戸時代初期のことですが、あの水戸黄門も、面白そうだからと言って軒下にいるホームレスを呼び出して斬って遊んだりしているんです。夜になると辻斬《つじぎ》りがいっぱい出て、熊本藩主は夜十時以降外出禁止を出さなくてはいけないくらいでした。そうした殺伐とした社会を五代将軍の綱吉《つなよし》が儒教道徳を普及させて大きく変えたんです。だから最近では教科書で五代将軍が「名君」と紹介されているんです。

和田　ああ、そうなんですか。

河合　綱吉は捨て子を禁止したり、行き倒れ人を救わなければいけないという法律を出しているんです。裏を返せば、それまでの日本人は捨て子を平気でしていて、その辺に人が倒れて苦しんでいても、みんな見て見ぬ振りをしていたわけです。その価値観の違いも考慮しながら、今作が現代の人にも共感をさせているのはすごいと思いました。

和田　結局これだけ今と昔で価値観が違うと、今悩んでいることも、もしかしたら悩む必要はないことかもしれません。われわれは現代の価値観の中で生きていくしかないですから、ずっとそれにとらわれ続けていますが、『のぼうの城』を見て、今抱えている悩みなり問題なりが、実は気にかける必要もないことなのかもしれないと、ちらっと思えてもらえたらうれしいですね。

第五章　忍城合戦紀行

成田長親の故地を歩く

丸墓山古墳から忍城方面を望む

忍城水攻め紀行

七月のある日、ＪＲ行田駅に降り立った。

まだ午前九時を過ぎたばかりだというのに、とにかく暑い。それもそのはず、行田市は、日本国内の最高気温となる四〇・九度を観測した熊谷市に隣接しているのだ。ただ、今日は風があるのが唯一もの救いである。

あえて七月という月を選んだのは、ワケがある。旧暦でちょうど六月、つまり新暦の七月に忍城が豊臣軍に包囲されたから、その季節の雰囲気を味わいながら散策しようとしたのである。だが、行田に来てみて少しだけ後悔した。

駅の階段を下って行田駅前ロータリーに出ると、ひらひらと多くの旗指物《はたさしもの》がはためいている。薄紫色の旗には「行田市へようこそ！」と大書され、小さく「のぼうの城の舞台浮き城のまち」と記されているではないか！

市をあげて『のぼうの城』をアピールし、忍城の観光に取り組んでいることがよくわかる。

ロータリーには、江戸時代の建築を模した立派な行田市観光案内所がある。案内所では係員に詳しく忍城周辺の観光スポットを教えてもらえるし、また、さまざまな名所や史跡に関するパンフレット、詳しい行田市の地図を入手することもできる。

案内所内には、休憩室が併設されているから、突然、忍城の観光を思い立って行田駅を訪れても、この休憩室にゆったり座って見学ルートや交通手段の計画をじっくり立てることも可能だ。

お勧めは「行田市循環バス観光拠点循環コース」行のバスに乗ることである。「古代蓮《はす》の里」で美しい蓮の花を堪能《たんのう》し、「さきたま古墳公園」で石田三成が陣を置いた丸墓山古墳をはじめ、有名な稲荷山《いなりやま》古墳や資料館を見て、「水城公園」を散策しながら忍城へ行くのがよいと思う。

けれど「観光拠点循環コース」バスは、一日八本しか出ていないので、乗り損なわないように気をつけたほうがいい。といっても、バスは市内を網の目のように数多く走っているので、これを乗り継いでいっても全く問題はないし、セレブであればタクシーを使うという手もある。

ただ、私は、バスもタクシーも使用しなかった。もちろん徒歩でもない。自転車で回ることにしたのだ。というのは、どうしても石田三成の築いた石田堤を見たかったからである。そこへ行くには、自転車が一番効率的で速く到着できるのだ。それに、お金もかからない。

自転車は、行田市観光案内所で無料で借りることができる。その上うれしいのは、自転車の返却が夜になってもかまわないことだ。借りた自転車を自転車置き場に戻して鍵《かぎ》をかけ、その鍵をキーボックスに返却すればよいのである。だから、時間を気にかけながら史跡めぐりをする必要はまったくないのだ。ただし、借用時には身分証明書を提示し、申込書が必要になることを伝えておこう。

自転車は真新しいものだったが、ピンク色なのでおじさんには少しだけ恥ずかしい。けれども、乗り心地はなかなか良かった。

普段は自転車に乗ることなどないので、徒歩でもなく車でもない、久しぶりのスピード感を堪能できた。

石田堤に向かう田んぼ

三成の堤あと「石田堤史跡公園」

駅前の大通りをまっすぐ進み、国道十七号線を越えると、前方上越新幹線の高架が見えてくる。その下に、線路と並行して道路が走っているので、右折してその道へと入る。あとはしばらくずっとまっすぐだ。

左には一面の田圃《たんぼ》が広がり、青々とした稲の絨毯《じゅうたん》に、抜けるような真っ青な空。思い切り空気を吸い込むと、若い稲の香りが肺に行き渡る。夏だが赤とんぼが飛びかい、遠くでは白鷺《しらさぎ》が羽ばたいている。ぎょっ、道ばたには蛇が顔を出している。なんとものどかな風景だ。おそらく、私が見ている風景は、戦国時代のそれとは大きく変わっていないはずだ。きっと成田長親も同じ景色を目にしたのではないか。そんな思いがわき起こってくる。

自転車で十五分ほど走ると、小さな神社が左手にたたずんでいる。自転車から降りて案内板を見ると、この神社が「愛宕山古墳《あたごやま》」と呼ぶ円墳の上に立っていることがわかる。このあたりには、こうした古墳が数多く散在している。

さらに、そこから五分ほど自転車で進むと、最初の目的地である石田堤史跡公園（鴻巣《こうのす》市内）に到着する。

新幹線の高架の真下に、当時をしのばせる逆茂木《さかもぎ》や米俵のレプリカが置かれ、忍城水攻めの想像画、忍城に関する秀吉の書状などのパネルがずらりと並んでいる。

真ん中には、戦国時代の櫓《やぐら》のような建物が復元されている。パネルを一つ一つ眺め、今度は反対側のパネルを見ようと、櫓の下に入った瞬間、突然、女の声が真上から聞こえだした。どうやら櫓の下にセンサーがあるようで、人間の動きを感知して、忍城水攻めの説明がはじまる仕掛けになっているのだ。

数分間、その説明を聞いた後、今度は新幹線の線路を越えて右手に進んだ。ここに石田堤が残っているのだ。また、堤の断面がレプリカとして展示されている。堤をつくるため

現存する石田堤

に土を突き固めた地層がよくわかって面白い。一見の価値がある。
　今度は線路の反対、左手に行くと、石田堤史跡公園が広がっている。よく手入れが行き届いた公園で、ここが石田堤の真上だとは思えないほどだ。現在、行田市周辺には、途切れ途切れに、わずかばかりの堤の痕跡《こんせき》が残っている。
　たった一週間で二十八キロにも及ぶ石田堤を完成させた豊臣軍だが、何も無かったところに一から築堤したわけではない。
　昔から川に囲まれた低湿地で、洪水の多い地域ゆえ、各地に自然堤防や土塁、さらには微高地や古墳があった。こうしたところをすべてつなぎ合わせて石田堤を築いたのである。

ちなみに、石田堤の原型を最もとどめている場所はこの公園ではない。ここから数百メートル先にある「堤根《つつみね》」だ。

現地に来てみると、樹齢三百年の松がずらりと並んでいる。二百五十メートル続くそうだ。江戸時代は、日光裏街道が走っていたという。でも、こんな老木であっても、三成が水攻めをしてから百年以上後に植えられたもの。そう思うと、戦国時代というものがずいぶん遠い時代に感じられる。

この堤根から武蔵水路を越えて「さきたま緑道」（全長四・八キロ）に入ってみる。

この武蔵水路は、昭和三十年代に首都圏の人口増加による農業用水・水道需要の急増に対応するため、利根川から荒川へ導水するためにつくられた十四・五キロにわたる水路だ。その水路に沿った緑道は、その名の通り緑が多く、いくらか気温も涼しく感じられる。緑道脇には、ときおり不可思議な形をした近代彫刻が配置されている。そんな前衛的な人工物を楽しみながらしばらくいくと、人物や馬の埴輪《はにわ》が並ぶ休憩所があり、それからまもなく、右手に見事な二瘤《ふたこぶ》の丘が見えてくる。もうここは「史跡埼玉《さきたま》古墳群」（国指定史跡）なのだ。最初に美しい姿を見せてくれたのは「奥の山古墳」である。全長六十六メートルの前方後円墳だ。

この古墳を横目で見ながら、さらに先へ進むと「さきたま史跡の博物館」がある。忍城水攻めと関係ないが、日本史の教員として、どうしても見たかったものがこの中に存在する。それは、稲荷山古墳の鉄剣である。

国宝・金錯銘鉄剣《きんさくめいてつけん》

一九六八年に稲荷山古墳の発掘調査がおこなわれ、埋葬者の副葬品として出土したのが鉄剣であった。すでに錆《さ》びてしまっていたが、それから十年後、この鉄剣の保存処理をしているとき、金色の部分が現れたため、レントゲン撮影したところ、百十五文字が浮かび上がったのだ。

そこには四七一年にあたる年号があり、鉄剣の持ち主である埋葬者が雄略《ゆうりゃく》天皇に仕えた豪族であることが記されていた。この「金錯銘鉄剣」は、百年に一度の世紀の発見だといわれ、日本史の教科書には必ず掲載されているものだ。もちろん国宝である。

こぢんまりとした館内の中央に、ガラスケースに入ってライトアップされた例の鉄剣があった。金の文字がはっきり浮かび上がっている。教科書で毎年教えている有名な鉄剣を目の前で見ることができるのは感激である。このほか館内には、稲荷山古墳などから出土した『画文帯環状乳神獣鏡《がもんたいかんじょうにゅうしんじゅうきょう》』をはじめ、多くの遺物が国宝に指定されている。こんなに狭い範囲にこれだけの国宝があるのも珍しいと思う。

ここに三十分も滞在してしまった。鉄剣に釘《くぎ》付けになっただけでなく、クーラーがほどよく効いていて、三十度を超える外気の中に戻る気力が失せたこともある。

だが、ずっとここにいるわけにもいかない。

かくして再び自転車にまたがり、いよいよ石田三成が水攻めのさいに本陣にした丸墓山古墳を目指した。愛宕山古墳を越えると、立派な寺院がある。天祥寺《てんしょうじ》である。

家康の外孫・松平忠明《まつだいらただあきら》を祖とする奥平《おくだいら》松平氏の菩提寺《ぼだいじ》だ。奥平松平氏は、伊勢国桑名《くわな》を支配していたが、九代目の松平忠堯《ただたか》のとき、忍藩に十万石で入ってきて、そのまま明治維新を迎えたのである。九代、十一代、十二代藩主の墓はこの寺にあるという。残念ながら、境内は門が閉ざされ、内を拝見することはできなかったが、隙間から覗《のぞ》くと、立派な墓石群が見えた。きっとあれが、松平氏歴代の墓石なのだろう。

三成も登った丸墓山古墳

さらに進んでいくと、左手に大きな池があり、大きなピンク色の花を咲かせた蓮が一面に浮いていた。なかなか見事なものだ。視線をそのまま上に移すと、まさにお椀《わん》を伏せたと形容するのがぴったりの、小さな山が見える。これが、あの丸墓山古墳である。

古墳の真下まで来てみたが、頂上に行くためには、かなり急な階段を上らなくてはならない。クーラーが効きすぎたところに長くいたため、一緒に気力も萎《な》えてしまったようだ。

高さは十九メートルだというが、もっとあるような気がする。ちなみに「埼玉古墳群」の中では最も高い。また、古墳の直径は百九メートルあり、日本で最も大きい円墳だという。ただ不思議なことに、古墳でありながら、埋葬施設がいまだに確認されていないそうだ。

息を切らしながら頂上へ登ると、わずか二十メートルにも満たないながら、風はヒンヤリとして頬に心地よい。頂上からは、周囲を三百六十度見渡すことができる。

かなり遠くではあるが、はっきりと忍城本丸跡につくられた行田市郷土博物館（三層

稲荷山古墳

櫓《やぐら》）を目にすることもできる。周囲はまだまだ田圃のほうが多い。このあたりが穀倉地帯であったことがよくわかる。

きっと石田三成も、築堤内に湛《たた》えられた水面に浮かぶ忍の城を見下ろしていたのだろう。

関ヶ原合戦で有名なあの石田三成が、四百年前に私がいるこの場所に立っていたのだと思うと、何ともいえぬ不思議な気持ちになる。

きっと堤内に水が流れ込む様子を見て、三成は感無量だったのではないだろうか。

忍城方面と反対側を見ると、目の前に大きな前方後円墳が横たわっている。あれが、有名な稲荷山古墳だ。せっかくなので、そちらにも登ってみた。

稲荷山古墳は、百二十メートルの丘をもつ

前方後円墳である。二つの埋葬施設が後円部で発見されたが、その一つから有名な稲荷山鉄剣が出てきたのだ。埋葬施設の粘土郭と礫《れき》郭はそのまま保存されているので、ぜひ後円部の頂上に登ってみるとよい。

埴輪購入

さて、石田三成に関する史跡は制覇した。今度は、いよいよ忍城方面へ向かう。

来た道をそのまま戻り、県道七十七号線に出る。ここを北西に進めば、忍城方面に出る。だが、道路の向かい側に「はにわの館」と書かれた看板が見えてしまった。興味本位で近づいて見ると、教会のようなモダンな建物がある。入り口には、たくさん埴輪が並べてあるではないか。

「行田市はにわの館」という看板がかかっていた。一人一千円払うと「はにわづくり」が体験できると書いてある。心が動いたが、完成するまで一時間半から二時間程度かかるというので、残念ながらあきらめて再び道路のほうにもどった。

そのとき、目の前に「さかもと」と大書された古そうな土産物屋があり、なおかつ、店のなかに埴輪がたくさん並んでいるのを見てしまった。

このため、思わず中へ入ってしまったのが運の尽きだった。結局、そこで私は四十分以上、時間を費やすことになった。

店の中には数え切れない埴輪のレプリカがあった。さらに驚くべきは、縄文《じょうもん》土器や埴輪のかけらを売っているのだ。どれも六百円。縄文土器はよく落ちているが、さすがに埴輪のかけらを見つけたことはなく、無造作に箱のなかに重なっている埴輪のかけらを一つずつ手にとって眺めはじめた。それを二十分以上続けていたので、さすがに店の人も奇妙に思ったようで、私に話しかけてくれた。

七十歳は過ぎていそうなおじいさんだった。私は、その老店主に埴輪のかけらを手にして「これ、本物ですか」と尋ねた。

店主は、すぐさま太鼓判を押した。そして、本物と偽物の見分け方を教えてくれたのだ。水で濡《ぬ》らしたとき、すぐに水を吸い込んでしまうのはレプリカ。本当の埴輪は、なかなか水を吸わないのだという。

そう話した店主は、おもむろにレプリカと埴輪のかけらを手にとり、ツバをつけたのだ。その無造作なしぐさに私はいささか驚いた。でも、たしかに本物は水を吸わない。

これに感激して、私は馬の埴輪のレプリカと本物の埴輪のかけらを購入してしまった。

ただ、この日から二週間後、不幸な出来事が起こってしまう。埴輪を購入したこの「さかもと商店」が火事で全焼してしまったというのだ。店主もやけどをされたと聞く。

それにしても、あれだけすばらしい埴輪・土偶のレプリカや本物の土器と埴輪は、どうなってしまったのだろうか。もしこの火災で壊れてしまったのなら、かえすがえすも残念なことである。ぜひ、これにめげず、店の再建をしていただきたいと願っている。

ともあれ、こんな寄り道をしていたので、古墳群を出たときには、すでに昼を過ぎてしまっていた。

丹波の寺・高源寺《こうげんじ》

県道七十七号線を進むと、県道六十六号線と交差する。その交差点の信号機に「佐間」と書かれていた。

『のぼうの城』の読者なら、あえてこの地名を説明するまでもないだろう。そう、忍城の入り口の一つ、「佐間口」があったところだ。そして、ここで激戦を演じたのは、佐藤浩市さんが演じたあの正木丹波守であった。

じつは忍城で活躍した武将のなかで、丹波だけが戦後の消息がはっきりと判明している。彼は潔く武士の地位を捨てて僧侶《そうりよ》となり、一寺を建立して戦死した仲間や部下を弔い続けて亡くなったのである。

そんな丹波の創建した高源寺《こうげんじ》は、佐間の交差点を越えてしばらく進んだ次の交差点の角に現存している。道路から奥まったところにある質素な寺であった。

境内へ入ってすぐ左手には、正木丹波守の墓がある。丹波は、一心に死者の霊を供養し続け、翌年、死去したという。すでに風化してしまって、墓石の文字を読み取ることができなかったが、私はそこにしばらくたたずんで、忍城合戦での死者の冥福《めいふく》を祈った。

高源寺から道路を渡って反対側には天満社がある。境内の脇には、正木丹波守の姿が描かれたパネルが立ち、この神社が正木丹波守の屋敷跡だったという伝承がパネルに記されている。

境内に入ってみる。思ったより広く奥行きがあり、社殿の裏には薄暗い林が広がっている。そこを抜けると橋があった。おそらくこの川を越えて豊臣軍が入ってくるのを忍城兵たちは丹波の指揮のもと、必死で食い止めたのだと思う。ここで命を落とした兵士たちも

高源寺・正木丹波守の墓

多かったはずだ。林の奥から今でも豊臣の兵が出てきそうな気がした。

いよいよ忍城へ

さあ、いよいよ城内へと入っていこう。

来た道を少しだけ戻り、交差点を右折して数分進むと、水城公園という看板が見えてくる。ここを右手に入ると、もう忍城の郭内《かくない》である。

左手には「しのぶ池」と呼ぶ大きな沼が横たわっている。その景色を堪能しながら公園を過ぎると、やがて行田市役所の庁舎が見えてくる。その庁舎の建物の左端に、立派な三重の城が立っている。あそこが、忍城本丸跡に立つ行田市郷土博物館である。

行田市郷土博物館に向かう道をこの「ぎょうだ歴史ロマンの道」と呼ぶ。道ばたには「忍城」と白抜きされた紺色の旗がはためいている。そこを抜けると、見事な石垣と濠《ほり》、三層櫓（行田市郷土博物館）が眼前に現れる。

行田市郷土博物館の入り口まで来てみると、「忍城おもてなし物産店」と記されたテントがあったので、ちょっと中を覗いてみた。するとこの出店では、『のぼうの城』のキャラクターをイケメンのマンガにしたさまざまなグッズが売られていた。驚いたのは、キューピー人形（ストラップ）だ。『のぼうの城』のキャラクターの格好をしている。一つ六百円だった。大した「のぼう様」人気である。

ではさっそく行田市郷土博物館の中に入ってみよう。入館料は大人二百円。

博物館に隣接する御三階櫓の建物は、元禄《げんろく》時代に忍藩が建てた三階櫓を模したものだ。ただ残念ながら「のぼう様」の時代の建築物ではない。

資料館は、一階からが展示室になっている。弥生《やよい》時代の住居、古代の埴輪、中世の板碑《いたび》、忍城主・成田氏長の書状、忍城の模型など、ゆっくり見て回れば、一時間はかかるだろう。最上階にのぼると、忍周辺が一望できる。

忍城おもてなし甲冑隊（行田市提供）

「あっ！　そろそろ十四時三十分だ」

私は急ぎ足で郷土博物館を出て、同館の裏庭へと回った。すでに人が群がりざわついている。二百人ちかくは集まっているだろう。若者の姿が多い。

彼らの目的は、「忍城おもてなし甲冑《かつちゆう》隊」の演武を見ることである。

「忍城おもてなし甲冑隊」とは、行田市が観光客に歴史に親しんでもらえるよう、戦国時代に秀吉軍と対峙《たいじ》した成田家の勇猛果敢な武将たちをモデルにつくった集団だ。

成田長親、正木丹波守、甲斐姫、柴崎和泉守、酒巻靭負の五人を中心に甲冑隊がつくられ、土日を中心に行田市郷土博物館などで演舞をおこなうのである。

忍城の裏門が開くと、戦国の格好をした若者たちが入って来た。音楽が鳴り、メンバーたちの寸劇があり、そして演武がはじまる。なかなか見事なもので、観衆がバシャバシャとカメラのシャッターを切る。いずれもイケメンぞろいだ。

演武が終わると、メンバーそれぞれのところに若者たちが群がる。サインをもらったり、常連なのか、メンバーと話し込む人もいる。せっかくなので、私も隙を見て甲斐姫役の女の子に握手をしてもらった。

死闘が繰り広げられた大宮口

「忍城おもてなし甲冑隊」のパフォーマンスを堪能した後、城の周辺を散策してみることにした。行田市郷土博物館の裏手にいくと、行田市立忍中学校との間に大きな土塁が残っている。忍中学校の近くにある小さな公園は三の丸跡であり、石碑が建っている。

石碑には「忍城三の丸　城代家老屋敷跡」とある。ただ、残念ながら城代といっても「のぼう様」ではなく、おそらく江戸時代の奥平松平氏の家老だろう。

さらに行田駅側に進むと、藩校「進脩館《しんしゅうかん》」跡の石碑が建っている。この近くが昔の「下忍口」である。

藩校「進脩館」跡を左に進んで水路を越えると、大宮神社がある。この大宮神社のある場所が大宮口である。この持ち場のリーダーは、斎藤右馬助と平賀又四郎だったが、寄せ手の佐野了伯が攻めてきたとき、斎藤は城門を固く閉じて防ごうと主張したのに、平賀はそれに反対して部下を連れて突撃してしまった。

こうして平賀らは佐野隊の中に斬り込んで暴れ始めたため、了伯はいったん退いた。図にのって平賀はさらに前に出てしまう。そこを後陣の伊東重家に包囲され、押し戻されて城門近くに後退、大宮口は危機に陥ってしまったのだ。

これをみた斎藤右馬助は、太鼓を激しく鳴らした。これは、遊軍の応援を求める合図だった。かくして酒巻靭負率いる遊軍が馳せ来たり、大宮口で死闘が長時間続いた。やがて下忍口での敗報が伊東のもとに届いたので、伊東は兵を撤収させたのだった。大宮口は命拾いしたわけだ。

城代の成田長親は、この状況を知り、蟹田穴左衛門を大宮口に遣わし「敵が攻めてきたとき、守将が互いに自説を譲らないのはよくない。戦いは人の和が第一だ。以後、気をつけよ」と注意したという。

史実ではさして活躍しない長親だが、やはりこの城代が部下をよくまとめていたからこそ、忍城は陥落しなかったのだろう。

だが、今や大宮神社に残る戦国の面影は、境内に数本残る大木だけである。

浮き城のまちの思い出

この頃になると、次第に自分の影が伸びてきた。

そこで最後に忍城本丸跡に戻り、行田市郷土博物館の前に自転車を置いて、道路を反対側に渡った。ここには、東照宮と諏訪神社がある。もちろん東照宮は家康を祭る神社だから戦国時代には存在しなかったが、諏訪神社は成田親泰が忍城を造ったとき、持田村の鎮守である諏訪神社を城内に遷座し、城の鎮守としたといわれ、成田氏に篤《あつ》く尊崇されてきた。なお、神社の境内は、本丸に隣接する諏訪曲輪《くるわ》となっていた。いまでも神社の裏手には底なし沼のような水がよどんでおり、かつての城堀だった痕跡を明瞭《めいりよう》にとどめている。

諏訪曲輪を見学し終えたときには、すでに十七時を過ぎていた。あっという間に時間が過ぎた気がする。

再び自転車に乗り、十分ちょっとで行田駅に戻ってきた。自転車を駐車場に戻し、鍵をキーボックスに入れた。

まる一日かかったが、これで忍城関係の主な史跡は回ることができた。なかなか有意義な一日であったと思い、駅のホームに向かう階段から忍城方面を振り返った。

「のぼうの城の舞台　浮き城のまち」と記されたたくさんの旗が、一斉に風でゆれた。それがあたかも、私に手を振ってくれているように見えた。

●石田堤史跡公園　埼玉県鴻巣市袋字台３２６−１
http://www.konosu-kanko.jp/spot/index.html
●石田堤　埼玉県行田市堤根１２６２地先
http://www.city.gyoda.lg.jp/41/03/10/bunkazai_itiran/isidadutumi.html
●さきたま史跡の博物館（さきたま古墳公園）　埼玉県行田市埼玉４８３４
http://www.sakitama-muse.spec.ed.jp/（丸墓山古墳、稲荷山古墳はじめ史跡埼玉古墳群の情報）
●行田市はにわの館　埼玉県行田市埼玉５２３９−２
http://www.ikiiki-zaidan.or.jp/haniwa/
●高源寺　埼玉県行田市佐間１−２−９
●天満社　埼玉県行田市佐間１−10−６
●行田市郷土博物館　埼玉県行田市本丸17−23
http://www.city.gyoda.lg.jp/kyoiku/iinkai/sisetu/hakubutukan.html
●忍城おもてなし甲冑隊　http://oshijo-omotenashi.com/
●大宮神社　埼玉県行田市持田６５１６
●東照宮・諏訪神社　埼玉県行田市本丸12−５

埼玉古墳群の蓮畑

忍城観光MAP

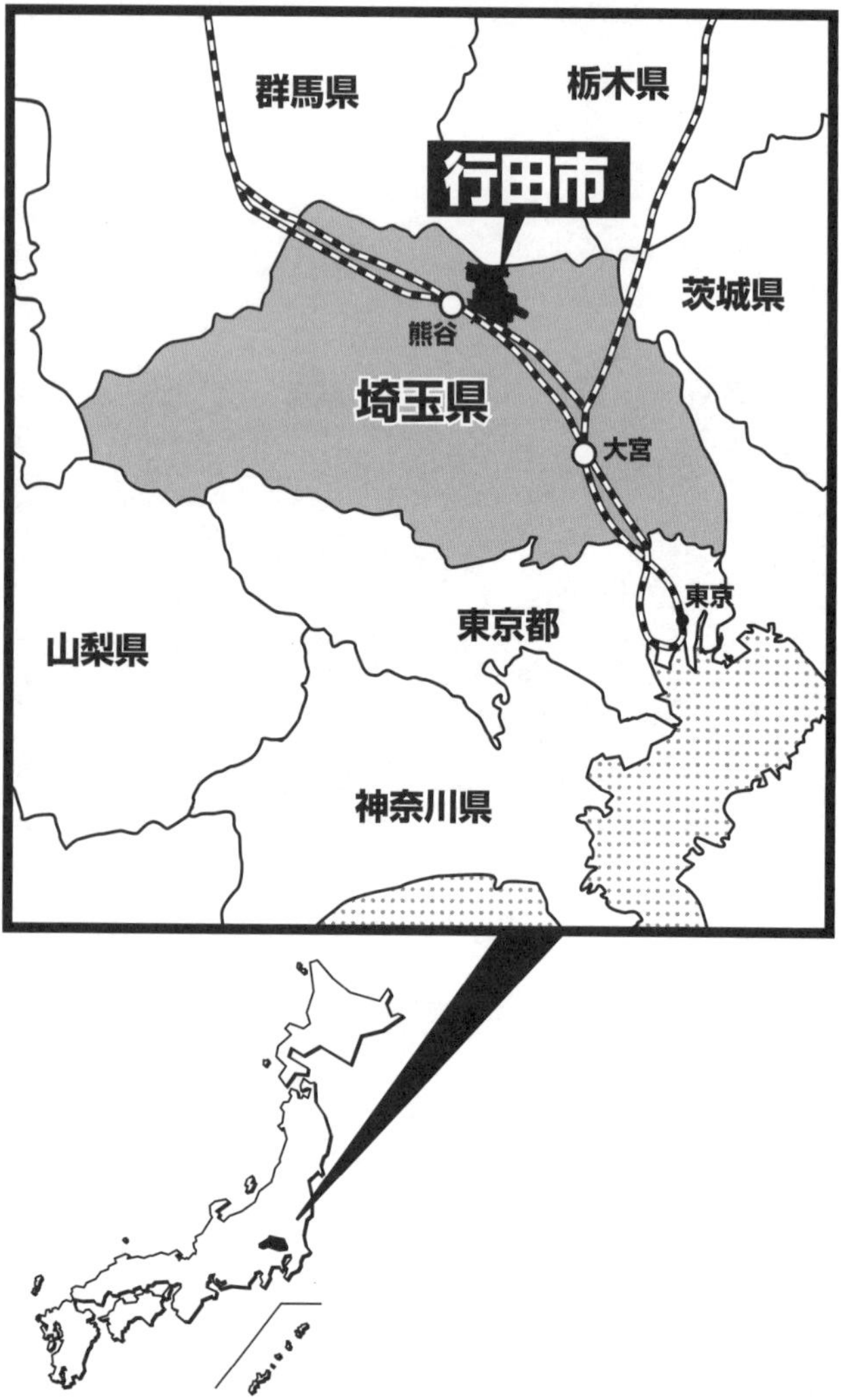

行田バイパス
行田市
秩父鉄道
忍城址・行田市郷土博物館
125
行田市駅
東照宮・諏訪神社
持田駅
高源寺
大宮神社
天満社
行田市はにわの館
上越新幹線
66
さきたま史跡の博物館
さきたま古墳公園
丸墓山古墳、稲荷山古墳ほか
行田駅
17
熊谷バイパス
石田堤
吹上駅
熊谷市
石田堤史跡公園
北鴻巣駅
高崎線
鴻巣市
吉見町
0
N
1km

忍城水攻め年表（行田市教育委員会）

●天正十七（一五八九）年

十一月二十四日…豊臣秀吉諸大名に北条討伐の宣戦布告状を発する（真田家文書他）

●天正十八（一五九〇）年

二月十二日……成田氏長小田原城へ出陣（成田記）

三月二十九日…山中城落城

四月三日………小田原城包囲始まる

四月十六日……松山城開城

五月二十二日…岩付城開城

六月五日………豊臣秀吉、石田三成に二万余の軍勢を率いて忍城攻めを命じたことを、筑《つく》紫《し》広門《ひろかど》宛の朱印状に記す（筑紫文書）

六月上旬………石田三成率いる豊臣軍が忍城周辺に布陣、水攻め築堤に着手

六月七日………忍城代成田泰季病死、成田長親城代となる（成田記）

六月十三日……石田三成、浅野長吉・木村常陸介宛の書状に忍城を包囲した軍勢は水攻め

の用意をしているので城に攻め寄せる様子がないと記す（浅野家文書）
六月十四日……鉢形城開城
六月中旬……水攻め築堤を忍城籠城軍が破壊。濁水石田三成本陣を襲う（成田記）
六月二十日……豊臣秀吉、忍城水攻め築堤の絵図を承認したので油断なく行うよう石田三成に指示（埼玉県立歴史と民俗の博物館所蔵文書）
七月一日……浅野長吉軍皿尾口に突入し、忍城籠城軍三十余りを討ち取る。その報告に豊臣秀吉は、水攻めをしっかりやるよう指示（浅野家文書）
七月五日……忍城籠城軍場外にて浅野長吉軍と交戦、双方に死傷者多数（浅野家文書）
七月六日……小田原城開城。豊臣秀吉、上杉景勝らに早々に忍城へ向かい、堤を丈夫にするよう指示。併せて十四、十五日頃岩付に向かう際に堤を見学するから、工事を油断なく進めるよう指示（上杉家文書）
七月七日……豊臣秀吉よりの上使忍城に着く（成田記）
七月八日……深谷《ふかや》城上杉氏憲《うじのり》の家臣秋元長朝《あきもとながとも》が、浅野長吉に（堤防工事に用いたと思われる）竹木を熊谷で切って持参すると伝える（浅野家文書）
七月十四日……忍城開城（瀧川文書・簗田文書）

河合 敦（かわい　あつし）
1965年生まれ。青山学院大学卒業、早稲田大学大学院博士課程単位取得退学（日本史専攻）。現役高校教師として日本史を教えるかたわら、テレビ出演や執筆活動を通して日本史の面白さを伝えている。著書は100冊を超える。

協力／岸 祐二、「のぼうの城」フィルムパートナーズ
対談構成／森 祐美子
写真・図版協力／小田原市、小田原城天守閣、行田市、行田市教育委員会、行田市郷土博物館
図版製作／ D.C.カンパニー、常見美佐子
撮影／後藤利江（対談）、加藤幸広（62P）

『のぼうの城《しろ》』に見《み》るリーダー論《ろん》
平成二十四年十月十五日　初版発行

著　者——河合《かわい》 敦《あつし》
発行者——井上伸一郎
発行所——株式会社角川書店
〒一〇二—八〇七八　東京都千代田区富士見二—一三—三
電話／編集　〇三—三二三八—八五五五
発売元——株式会社角川グループパブリッシング
〒一〇二—八一七七　東京都千代田区富士見二—一三—三
電話／営業　〇三—三二三八—八五二一
http://www.kadokawa.co.jp/
印刷所——図書印刷株式会社
製本所——図書印刷株式会社

ISBN 978-4-04-110323-4 C0095